新农人 新农业
与新互联网时代

杨 勇 著

中国农业科学技术出版社

图书在版编目（CIP）数据

新农人　新农业与新互联网时代 / 杨勇著 . -- 北京：中国农业科学技术出版社，2022.8

ISBN 978-7-5116-5819-7

Ⅰ.①新… Ⅱ.①杨… Ⅲ.①现代农业－农业发展－研究－中国　Ⅳ.① F323

中国版本图书馆 CIP 数据核字（2022）第 118099 号

责任编辑　倪小勋　穆玉红
责任校对　李向荣　贾若妍
责任印制　姜义伟　王思文

出 版 者	中国农业科学技术出版社 北京市中关村南大街 12 号　邮编：100081
电　　话	（010）82106626（编辑室）（010）82109702（发行部） （010）82109709（读者服务部）
网　　址	http://www.castp.cn
经 销 者	各地新华书店
印 刷 者	北京建宏印刷有限公司
开　　本	170 mm×240 mm　1/16
印　　张	13.5
字　　数	220 千字
版　　次	2022 年 8 月第 1 版　2022 年 8 月第 1 次印刷
定　　价	60.00 元

———— 版权所有·侵权必究 ————

序

现代农业的发展需要好资源、硬技术和新思维。这其中，现代信息技术起着重要的支撑作用。本书分别从社交媒体、知识服务、社交电商、质量追溯和数字农业五个方面入手，提出了作者的观点和思路，诸多观点独到新颖，值得借鉴和思考。

随着农村一、二、三产业融合发展加快，农业功能由以农产品生产为主向生产、生活、生态功能兼顾方向转变，包括作者在本书中提出的，农业不仅是食物供给产业，还是生活方式和精神家园。因此，我们需要不断拓宽农业科技与产业的发展领域，挖掘农业的多功能潜力，培育农业的新型业态。从这个意义上来说，本书给了我们很多的启发和思考。不管是从农业科技还是农业产业，随着新互联网时代的到来与加速变革，参与的人群越来越多，涉及的领域也越来越广泛，现代农业的发展进入了更加多元的新互联网时代。

作者是我指导毕业的博士，在学生时代就善于做加法、爱思考。希望此书的出版成为其人生道路上又一个新的阶梯，同时也向各位同行郑重推荐，以期共同探讨与探索。

中国工程院院士 扬州大学教授

2022 年 2 月

自　序

从2017年开始筹划撰写这样一本书，如今交付出版，心中如释重负。历时5年，一字一句敲下了这20万字，想来自己觉得也很不容易。现代农业正在加快发展，互联网社会正迈入一个新的时代，而作为一个农业科研人，深感很难跟紧时代发展的步伐，但愿此书的完成是我人生的一个新的台阶，以此激励我继续前行。高兴之余，从以下几个方面谈些感想。

为何创作。撰写一本书，无外乎为自己，同时也为他人和社会，为自己一方面是成果积累，但对于我来说，还有另一层就是对自己思想观点的一个很好总结。每个人在工作中都在不断寻找和打造自己的定位，对于一个从事作物栽培和耕作学这类传统农学领域研究的科研工作者来说，我踏上工作岗位近20年，转向了农业信息技术应用和服务研究的领域，作为一个所谓的跨行者，非常值得好好凝练一下自己一路走来的思想观点，实现一个农业自然科学工作者到一个农业信息服务人的转变。

为谁创作。这些年我也做过不少讲座，对象主要是基层官员和农技人员、新型生产经营主体和企业家，以及从事自然科学的农业科研工作者，还有和我从事类似工作的同行。应该说，在新互联网时代，我们之间有很多值得探讨和分享的思路、方法、实践与经验。坦白来说，最开始的写作初衷是想为相关涉农群体做一些互联网与现代信息技术的知识科普，但写着写着，一方面觉得自己也跟不上发展，另一方面发现，从别人身上学到的东西比自己想出来的还要多。从这个意义上来说，我觉得通过这样一本阶段性的书，以一种浅显易懂的白话表达形式，能和农业同行们更好地交流与思考。

如何创作。本书的完成很多时候利用的是碎片时间，比如夜深人静孩子睡着时，等待参加会议前空闲的一个小时或半个小时，为复杂冗长的项目业务文档烦恼时，援疆挂职期间生病住院时……素材和思路的积累也是比较有心的，有的时候晚上睡不着却突然想起某种创新的观点和思想时，会拿起手机使用其中最简单的备忘录文本功能，记下关键的词语和句子，以免第二天早上醒来会忘记；读到一篇好的报告和软文时，会在电脑收藏夹里收藏；一些业务合作会谈、授课后与学员交流时，也常常涌现出新思想和新观点。

继续创作。本书的完成是一个很好的开始，本书主要从我相对熟悉一点的领域，站在现代农业的角度，从社交媒体、知识服务、社交电商、质量追溯、数字农业五大方面进行归纳和总结，显然在这些领域一方面存在涉及不全，另一方面时代也在不断变化，新的内容、思想、做法、模式和市场正在不断更新迭代，需要再利用下一个新的五年去归纳总结。本书更多是站在信息技术与互联网生态的角度创作的，而站在现代农业本身，比如从绿色化、组织化、智能化等角度进行新时代、新气象、新生态的总结，这样的一本书也已经在路上。

感谢我的导师张洪程院士为本书作序。张老师宽阔的视野、渊博的学识和坚毅的品格是我人生永远的灯塔。在本书的撰写历程中，张老师给予了诸多指导，以及师生间朴素却又热烈的观点探讨，让我受益匪浅。新农人与新农业的新互联网时代，期待你我同行！

作 者

2022 年 1 月

前　言

新互联网时代区别于旧互联网时代在于其更快变化、更加智慧和更多参与。这就使得我们在讨论现代农业时，不能把农业当成一个孤立的领域去理解，而是应理解为与不同产业之间由于数据和信息的急速变化而加快融合的一个新产业、新生态。本书重点从社交媒体、知识服务、社交电商、质量追溯和数字农业五个方面去阐述现代农业发展中基于农业用户人群的一些观点，更多的也是从不同角度提出一些可供探讨的话题来进行社会大众分享，并期待得到共鸣、批评或辩驳。

社交媒体。社交媒体让涉农人群在新互联网时代变得更加活跃，一方面是因为每个人可以更简单快捷地于众多社交媒体平台之中任意发挥自己的特长，另一方面是由于新互联网时代社会更为扁平，而涉农人群可以在互联网中找到需要和需求，分享智慧与情感，获得收益和成就。本书从社交的变迁、扁平世界的特征与价值，以及如何在新互联网时代让涉农人群找到定位、实现价值三个方面进行了观点的阐述。

知识服务。剖析开来，知识服务实际上是日常生活中我们大众对更多知识获取的渴求，比如常见的通过百度去搜索问题，在一些平台（比如知乎）提出问题并期待得到解答。本书从传统的农技服务开始，介绍互联网时代农技服务的一些方式变迁，信息技术的应用与模式的转变，然后从知识本身来分析新互联网时代知识的特征，再进行知识需求、知识发现、知识表现观点分析，并提出了一些建设性意见。知识付费是从事知识服务的机构重点关心的话题，而在农业领域其实现的难度尤其大，本书尽可能从不同领域、不同人群和各个角度提出了一些观点和思路，以求进一步探讨和探索。

社交电商。社交电商的迅速发展让人始料未及，作为社会大众十分关心的话题，农产品和农业的社交电商在整个风暴中十分显眼。本书基于作者的从业经验和调查研究，分别从电商之道、电商之难和电商之兴三个小节进行了观点分享。并尽可能地剖析了当前电商和社交电商的发展轨迹，产生的各类平台、各种模式以及参与的各类人群，分析了当前农产品电商中的一些弊端，并从消费分级、消费多元、消费体验给予分析并提出建议，重点从农业科研单位和农业政府部门角度提出参与农产品社交电商的必要性与相关实践路径。

质量追溯。农产品质量追溯似乎更多关乎我国农产品的安全管理体制与制度，从技术和应用层面上来说，目前的管理者、生产者以及消费者，都在渴望更好的平台与服务体验，这就是本书阐述此问题的出发点。本书从为何追溯、为谁追溯以及如何追溯三个方面详细阐述了农产品质量安全追溯的目的和意义，立足当前现代农业的新时代，结合会员农业、消费分级、社交传播和电商消费等多个方面的社会新生态寻找结合点，提出了政府监管型追溯、企业管理型追溯和社交信任类追溯三种农产品质量追溯的方式，并就每种方式阐述了具体的做法，期待通过这种多元化需求分析与问题解决的理念，让农产品质量追溯应用落到实处，并且实实在在地贴近并互动于社会大众。

数字农业。数字农业牵涉面很广，本书重点从研究者和管理者角度来分析该问题，分为认识数据、数据决策和智慧农业三个小节递进地来进行探讨。对于社会大众理解和认识中比较模糊和混淆的概念及说法，本书力求解释得更为通俗易懂。我们日常生活中的两个热点领域农业大数据和智慧农业均包含在本章内容之中。本书先全面分析了数据的产生和演变，然后探讨如何利用数据来进行决策分析，也就是我们常说的农业大数据的应用。对于智慧农业，本书从两个不同角度来进行分析，一方面分析其技术、前景与应用；另一方面从现代农业发展的角度，提出如何理性看待智慧农业发展过程中一些偏激、夸大和不合理的观点。本书中的相关观点也希望与同行及跨行们进一步探讨。

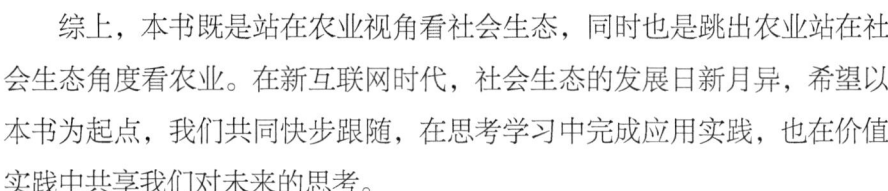

综上，本书既是站在农业视角看社会生态，同时也是跳出农业站在社会生态角度看农业。在新互联网时代，社会生态的发展日新月异，希望以本书为起点，我们共同快步跟随，在思考学习中完成应用实践，也在价值实践中共享我们对未来的思考。

目　录

第一章　社交媒体 // 1

　　第一节　社交变迁 // 3
　　第二节　扁平世界 // 10
　　第三节　为乐为商 // 18

第二章　知识服务 // 27

　　第一节　农技服务 // 29
　　第二节　知识分享 // 42
　　第三节　知识付费 // 54

第三章　社交电商 // 63

　　第一节　电商之道 // 65
　　第二节　电商之难 // 78
　　第三节　电商之兴 // 86

第四章　质量追溯 // 105

　　第一节　为何追溯 // 107
　　第二节　为谁追溯 // 121
　　第三节　如何追溯 // 128

第五章　数字农业 // 143

　　第一节　认识数据 // 145
　　第二节　数据决策 // 157
　　第三节　智慧农业 // 182

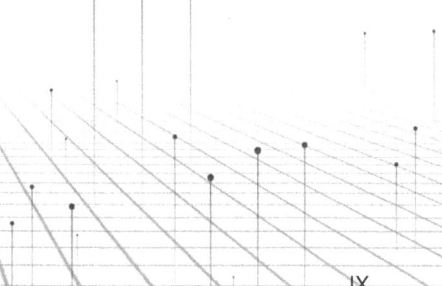

第一章

社交媒体

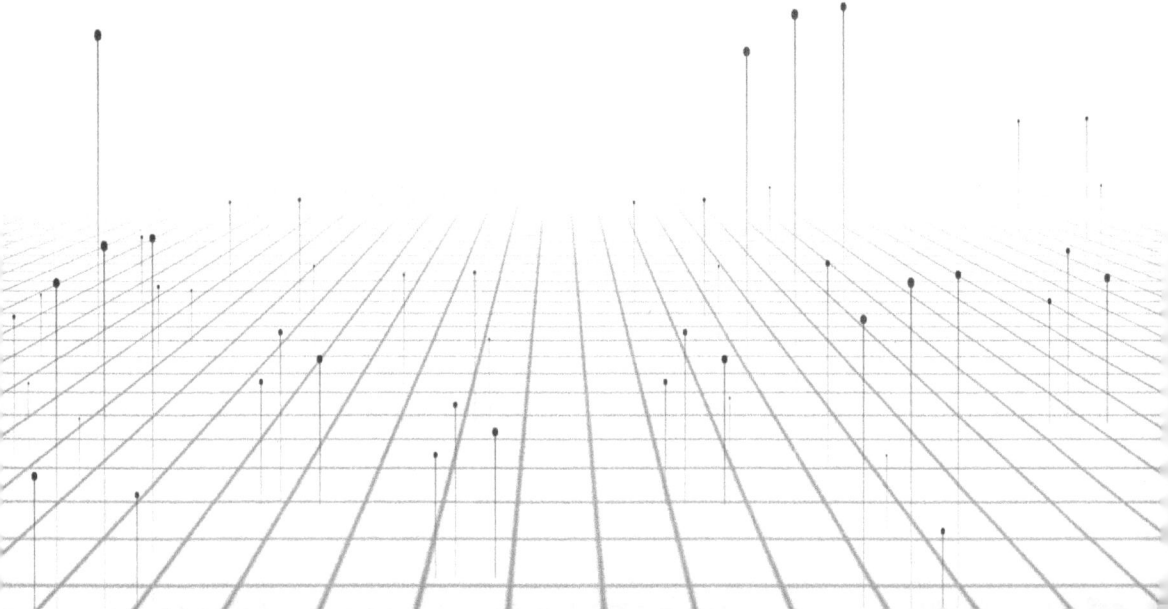

社交媒体让我们的生活变得不再迷茫，社交媒体又让我们的生活变得越来越迷茫；我们处在一个自我创造的时代，我们又处在一个自我沉沦的时代——这就是当下社交媒体带给我们的矛盾心理。

在互联网时代，社交媒体是其最重要的部分，它几乎影响着我们每一个成年人的生活与学习，又为我们日常所频繁应用。本章的编写挑战难度是很大的，社交媒体的内容、内涵、价值是如此丰富，我们作为农业科研工作者很难去全面理解和把握。

理性看待当下、了解当下、认识当下的社交媒体，是我们新农人共同去追逐未来现代农业的一个重要基础。让我们一起来探讨农业人如何理解、适应和应用社交媒体。

第一节　社交变迁

进入二十一世纪之后，特别是一些"60后""70后"和"80后"，大家没有想到的是，社交可以有如此之广、如此之深和如此之多的形式。我们的日常工作、商业经营、社会治理，都离不开社交行为与社交平台，这就是发生在这个时代和我们身上的社交变迁。

本节重点回顾及展望身为农业人所经历的社交变迁及未来可能走向。

一、回不去的时代

作为"70后"，我们很幸运地经历了社交的各次变迁，我们知道这一切从哪里来，但却无法预测将来到哪里去！

1. 面对面的线下时代

"70后"儿童时的社交圈子虽然很局限，但回想起来也是很有趣。农村地区，人与人之间通过聚集在一起共同分享与交流信息。谁家有红白喜事，村里的会议，平常的串门，甚至夏夜纳凉成了交流分享信息的重要渠道。村里人缘好的人家，晚上庭院里总能聚一大群乡邻，村里某些老人常常成为主角，讲讲四大名著、聊聊《山海经》，说一说听来的奇闻趣事，成了大家社交娱乐的重要消遣。走乡串户的说书人以及吹拉弹唱的农村艺人（比如我自己小时候特别爱听的苏州评弹），则是更高一层次的社交文化体现，这能吸引更远一点的村民过来聚集，和我们现在网上围观某一部热门的电影有点类似。

农村的说书人，就像现在的网上内容创作者，来到一个村里之后，就在某户住下，每天讲那么一集，每天最后还留个扣子和悬念，就像现在的电视连续剧似的，吸引着村民每天都按时按点地来。在苏北农村，还有一种串乡人，我们也称之为艺人吧，感觉都有点像非物质文化遗产，主要是在谁家有喜事的时候，比如生子、新房上梁、生日、嫁娶，以及春节的喜庆节日，从很远的地方赶到这里，嘴上不停地说着编成顺口溜似的庆祝、祝愿、祝福、赞美的话，我们称之为"说丽词"。这些都是在当时无电器、无网络，甚至缺少报刊书籍的农村地区常见的社交形式。

这个时代的社交，是实实在在完完全全的线下面对面社交。相对于后面所有变化的社交形式，这个时期所经历的时间最长。

2. 书籍、报刊、电视、书信时代

后来，书籍报刊业开始走入寻常百姓家，不再是像电视上看到的大上海报童的景象。我们中的很多人度过了一个现在想来有点好笑又好玩的年代，那就是写诗或以诗会友，一方面在于相互的交流，但仍有不少梦想着能够刊出或出版诗集。于是一些名人如徐志摩、戴望舒等成了大家心中的偶像。应该说，从这个时候开始，普通百姓也开始寻找适合自己表现的渠道，这和现在有一点的类似之处，现在我们说每个人都是一个电台，都是一个媒体人，但那时候局限于条件，只能以诗这种创作快、流程简单的方式来进行。当然，作为少年和青年时代的人，写情书、交笔友成为很重要的社交形式。特别是交笔友，和现代社交媒体的形式很像，我们把从相对熟悉的村民间、同学间进行社交，首次引向了陌生人、遥远的人。而很多人交笔友是广交，这和谈恋爱写情书不一样，这是一种社交欲望的大爆发，在大学宿舍里，每天以收到多少来信为自豪，写信、收信成了一种日常与企盼。与前面一个阶段相比，这种社交所持续的时间是相对比较短的。

3. 用信号的通信时代

普通百姓或学生用上或用得起电话与传呼机的时间，现在看来相对不长。刚开始的时候费用高昂，以至于很多家庭仍然只在特别紧急时靠电报来解决。在我大上学的那个阶段，二十世纪九十年代的中后期，辅导员向宿舍送电报的情况还比较普遍，虽然单个字的价格比较高，但总体信息简短，费用较低。当后来IP电话等兴起之后，包月包年以及前面加拨一个号码之类的方式，使得家庭中、情侣间、朋友间、同学间煲电话粥成了一种可能，但陌生人间的社交，在这个阶段靠通信这种手段还是少之又少的。这个时候出现了新的产品"BB机"，到后来"BB机"也能传递信息了，

成为一种短信的通信方式。

手机时代开启了手持社交的运动，从一开始的简单式的电话加短信，再到后来简单的收音机功能以及贪食蛇、俄罗斯方块等小游戏的丰富，手机成了随身必备的东西，但总体来说，这是通信领域的一个跨越式发展，为后续的社交大爆发奠定了基础，也把社交从线下开始分流到线上。陌生人认识了之后，留个手机号，就成了日后联系的重要方式，因为相对于座机来说，你能更确切地知道线对面和你说话的人或发短信的人是谁。也许是有了手机之后，名片才成为一个有价值的载体，也诞生了通讯录这样的产品。手持社交的开展，与其说是释放了身体，但也从这一时刻起，捆住了人类的双手。

二、网络社交时代

交流是移动互联时代最初的鲜明特点，智能手机、即时通信工具等的出现，标志着真正的网络社交时代到来。

社交媒体，英文中的"Social Media"，主要是指互联网上基于用户关系的内容生产与交换平台。这个定义随着社交媒体的发展，也发生着延伸和拓展，内容的生产与交换已不再局限于用户之间。社交媒体由用户最初织成的网络越来越大，涵盖的不仅仅是用户，还有与用户相关的资源，这些资源不是交换得来，而是通过关系共享去挖掘形成并应用产生；交换的也不再是定义当初传统意义的数据与信息内容，而是涵盖了金融、人脉，等等。

1. 聊天互动时代

互联网的到来，让社交又一次开启陌生人交流时代，这个时候起，我们开始把一条线分为"线上"和"线下"。我有一个同事创作了一部小说，书名叫《不在犯罪现场》，讲的是一个网络聊天骗子，在网上进行情感引诱然后实现诈骗之类的事。互联网时代刚开始的时候，手持社交并没有成为主流，更多的还是电脑上的社交，这一方面局限于当时的手机功能，另一方面也是受网络资费的影响。但对于很多人来说，那段时间是记忆深刻的。QQ是那个时代的主导，当然伴随的还有网易等各种聊天室，以至于各个平台网站等都是泛聊天化，"网友"这个词就是那个时期兴起的。网上聊天分为"私聊"和"公聊"，"公聊"就是大家一起聊，"私聊"大多是一对一地聊，这个时候带着大家从线上走进陌生人的世界。很多人把QQ及相关的聊天室定位于与陌生人社交。当然，在这个发展过程中，手机的智能化进一步得到提升，特别是QQ等一些平台，把这种社交终于移步到手机这种手持终端上。

2. 自由表达时代

很快，陌生人社交的形式被博客及微博进一步替代。现在来看，博客与微博的时代，很类似于现在的"人人电台"。每个人都有自己的情怀，人们大多乐于分享。也许很多人或绝大多数人不愿去免费分享自己的食物或财产，但分享自己的情感、创作以及自认为有趣的点滴，绝大部分人还是很乐意的。刚开始，大家都没往钱上去想，但后来这种情况发生了变化，分享与知识服务变成需要付费的东西。智能手机让这一切实现起来非常容易，我们现在称之为"拇指运动"，在农业劳作年代，人类的手更多需要手臂、手腕及手掌的力量，只有一部分的女性需要灵巧手指去做一些刺绣、缝补等的精细活，但如今，再不灵巧的双手都被键盘和手机训练得灵巧了。

三、网络社交万能时代

进入网络社交万能时代，我们的生活与工作，没有网络社交干不了的事，网络社交已经深深地渗入了我们的几乎全部生活。以前有一个说法，出门的时候，你需要提醒自己"伸手要钱"，这是一个谐音，即"身手钥钱"，"身"即身份证，"手"即手机，"钥"即钥匙，"钱"即钱包，在那个时候，这四样东西还是比较重要的，比如钱包，因为有些地方需要付现金，比如医院的挂号，停车场的收费等，但现在，基本被微信、支付宝等支付方式取代，完全变成手机或人脸识别了。甚至家里的钥匙，在很多家庭也消失不用了，变成了密码锁、指纹锁、头像识别锁等。

1. 新 ID 时代

微信的出现，把我们每个人的身份进行了重新定义，这种定义比手机号码和 QQ 号更加全面，实现了更加全面的人物身份展示和便利的双向同步无差别交流。两个人见面谈得投机，常常是加个微信，而不是以往的递个名片、留个电话了。我们常常不记一个人的电话而是加上这个人的微信号，然后通过微信实现更加全面立体的交流。但不同的是，微信是基于熟人之间的，而 QQ 则可以基于不同人群之间，与此同时，微博以及一些新生的社交媒体，它们基于微信、手机号、QQ 号等代表着的身份，实现了更多的身份表现。

2. 价值绑定时代

随着微信等交流媒体的功能越来越全面，比如用于通信交流的在线文字、语音、视频；用于日志分享的个人相册、心情、经历与体验等；用于观点、政务、通知通告等发布与分享的文章与视频；用于群组交流的聊天、讨论、工作安排等的用户群；用于商品与服务交易的信息沟通平台等，即社交电商。我们来到了价值绑定时代。一开始有很多人担心在交流时有人微信不在线，而现在这个已经不是问题了，微信很多时候比电话更及时。

微信作为一个平台的中枢，把其他的平台整合进来，我们称之为第三方接入。微信从一开始的便利通信工具，一下子变成了各样支付、出行、购物、点餐、工作开会、交流建群等一系列的生活工作平台，成为生活中不可或缺的一部分。我们付费更容易实现了，家里的电费、燃气费、水费，手机的缴费，信用卡还款，买火车票、飞机票，缴纳违章罚款等，都能通过微信实现。而销售服务，例如在微信、头条等都可以开店，开启了社交电商时代。

3. 社群扁平时代

"扁平"通俗一点来说就是，在利益与机会面前每个人都是一样的，不需要经过所谓的层层的上级批准。比如淘宝兴起之后，每个人都有同样的机会在上面免费开店，只要你有资源，甚至你没有商品资源，也可以在上面开店，然后慢慢地去寻找资源。再比如共享单车放在那里，富人可以骑，穷人也可以骑，你的领导可以骑，你也可以骑，你们的支付途径是一样的，你们花的钱也是一样的。

4. 数据流量时代

数据与流量本来是属于计算机词汇，或者说是网络专业词汇，在网络社交时代，一下子变成了百姓口中熟知的概念，一个乡村网红之所以那么红，是因为他有粉丝、有流量，大家一下子就理解了这个概念。在网络社交时代，流量为王、数据为王，这些都来自用户，你的用户越多，流量越大，数据越大，你的影响力就越大，你就能获得更多的利益以及持续的影响力。

5. 无法预测的未来

站在当下，我们要去预测互联网社交的未来，确实有点难，但在当前，我们能想到的至少应该取决于以下因素。

一是不可逆的全球化趋势，别看现在有一些西方国家行使霸权主义，搞冷战思维，但主要面向的还是科技领域，"卡脖子"技术，对于一些通用性的社会网络应用，总体来说，还是越来越全球化的。

二是5G、6G甚至更新一代的网络发展，使得除人之外，更多的物加入互联网络之中，可以基于人为中心的服务模式，可能会转变为物对人的服务，以及人对物的服务，我们可以通过智能，让物能够更好地为人服务。比如当你回到家之后，家中的音像可能会根据你的动作，探索到你的血压乃至情绪、气场，为你播放不同的歌曲，甚至给你安慰的话语。

三是一些我们当前无法想象的新思维新理念可能再次迸发出来，创造出新的共享模式、互利模式等。当然这和技术的硬核也是极度相关的，在2G、3G时代，谁也不敢想，每个人的手机可以随手拍视频然后在网上传播，或者和别人面对面语音和视频有如此的流畅。

四、互联网怪兽

互联网似乎是一个充满魔力的东西，似魔鬼，又似怪兽，控制着人类，我们常戏称之为怪兽。

1. 操纵人的行为

我们有时开玩笑说，互联网是侵入人类社会的一个怪兽，它首先去操纵人的行为，比如让人从田间直接用手劳动及用眼睛学习书本知识，转移到通过手机、电脑等膝上或掌上便利工具去管理生产和学习知识并娱乐，包括把很多原来的线下行为转移到了线上，像社交、购物、娱乐等，这个时候我们看到的是，更多的人整天待在电脑前目不转睛或者捧着个手机哈哈大笑。

2. 测量人的行为

这个"怪兽"在达到了第一个目的之后，就开始实施下一步，即测量并记录人的行为，当人的行为转为在线上时，比如购物、交流以及打车、外卖订饭时，我们产生了大量的行为数据，而这些数据都被互联网这个怪兽所测量到，让我们的生产、生活与工作、学习变得没有隐私。

3. 引导人的价值观

互联网怪兽在完成第二个目标之后，开始实施第三个目标，即去引导人的价值导向，因为这个时候人已困在互联网上欲罢不能，就像蚊子粘在蜘蛛网上，你即使爬行、挣扎，仍然是在不同的网格之中，而且不仅仅是你，整个世界都在这张网中，即使出了这张网，你发现，已经没有了你的学习工作环境和商业娱乐生态，而互联网怪兽这个时候就开始利用其测量行为的数据，去引导你的价值观，通过大数据分析的方式向你去推送潜在需要的产品与服务，而即使有些并不是你表面所想的，但通过整体产业环境的数据生态、宣传攻势，逼着你去接受这些价值导向，同时也把这种导向实施在整个产业发展的需求导向与价值链的完善上。

第二节　扁平世界

社交媒体的兴起，标志着我们进入了个人互联网社会。有个比较生动的比喻，是说我们每个人成了平台，成了电台，成了发布媒体。其实不尽然，电台和发布媒体只是单向传播，你也不晓得观众的反应如何，而社交媒体则是实时互动的，社交媒体还有商机，社交媒体还能娱乐，等等。社交媒体与社会化服务用一种很简单的方式把信息在各类人群中进行了无差别化的传播。

我们常说互联网思维，不知是因为有了互联网才有了这种思维，还是有了这种脑洞大开式的思维，才有了现如今这般的互联网。我们把当下的互联网世界称之为扁平世界吧。

一、扁平世界的社交特征

正如上一节所述，进入了新互联网时代，我们很多传统的交流方式彻底改变了，而奇怪的是，这种改变好像也没有让谁感到无所适从，大家就这么稀里糊涂地跟着适应过来了，这真是互联网怪兽的时代。简单总结一下扁平世界的几个社交特征。

1. 直　接

直接是最主要的特征。我们去传播传导信息不再需要依靠别人，正如前面所说的，人人成了平台，人人成了发布媒体。比如在新浪微博上，官方政府可以是一个账号，个人也可以是一个账号，在互联网世界里你们是平等的。这也就出现了"网络大V"这种现象。你有才能，关注你的人就多，不仅关注，还通过转发，让你有了越来越多的粉丝用户。大家都知道特朗普推特治国，其实道理很简单，一个想法，要经过层层传达到达民众手里，多麻烦呀，中间可能还会变样、走形，不如他自己来好了。

我们接收信息也是以个人为中心，每个人都有手机，每个手机都可以装上应用，我们不用头凑在一起看某一个信息，坐在一起看一部电影，参加一次会议，听一堂课。在新冠肺炎疫情严重的时候，我们可以待在各自的私人住处，通过手机视频来参加和主持各种会议，我们日常生活中，可以通过微信等社交平台与每一个想要联系的人面对面地进行沟通。不管距离，不管时间，想想我们一些亲人在海外，客户在海外，过去要沟通某一个事情时，得有多难，现在随时可以面对面沟通，在与对方有较大时差时，你也可以在对方不在线时进行留言或先行传过去文件，等待对方回复后进一步沟通。

回顾很多年之前，我们在思考农业信息服务如何深入基层用户时，列出了各种困难，现如今，这些困难已经没有了意义。政府或农业管理部门开展的农业信息服务，比如一些技术的推广，不再需要一级一级地以下达方式去传播，作为某类流行平台的官方认证用户，你可以一站式地进行传播。也正是这样，很多的农业管理部门，由传统的官方网站形式升级为官方微博、官方微信公众号等大众热衷的信息发布与传播形式。

现在还有人说，农业信息服务存在着"最后一公里"问题吗？我们的网络和终端早没有了最后一公里，信息的发布机制与到达机制也没有了最后一公里。如果真要说有一公里的话，我想一定是信息的发起者没有发布出有用的信息。

2. 公 平

"直接"带给所有信息接收者群体的就是公平。不需要谁作为传话筒。一些政策利好、补贴手段、商业机会、实用技术、优良品种，每个人都是同样公平快捷一站式地获得。而另一方面，这种公平，让我们所有的农业人都有机会站到舞台的中央，自由自在地表现自己、宣传自己。

也许有人说，要站在舞台的中央，你也得有才能呀，不然不是丢脸吗？这显然仍然是传统的非互联网思维。以往在公众场合中，能主动站出来发言的，一般会是隐藏的能力佼佼者，有些人则是毛遂自荐。但互联网世界是不一样的，每个人都可以有不足，有无知。李子柒难道一开始就是那么优秀吗？当你幼稚、不成熟时，你在你自己舞台的中央，当你的能力和才华越来越强大时，你身边围观的人就会越来越多，你就越来越成为搭建舞台的中心人物。

这就是最大的公平，我们农业人不是与生俱来就有很强的知识和能力，但互联网提供公平的平台，让你不断成长。正因为这样，我们很多有心但无胆的农业人，包括科研人员，为什么不敢站到台前来呢？对所有人来说，这是一个带着我们成长的平台。

3. 连　接

社交媒体为基础的互联网，是个平台，同样也是一张网，这是一张立体的网，不是一张平面二维的网，每个网络的节点之间，有时是直接相连的，有时是间接相连的。连接的可能是人，是用户，也可能是一个更大的平台，更多的还是机会。这种连接有生产者和消费者的连接，有生产与科研服务间的连接，有生产者与商业资本间的连接，等等。

就拿微博来说，再大的"腕"，再厉害的明星、名人，再大的机构，你都能关注，知道人家在干啥，在想啥。而对于农业而言，由此开设的官方微博和微信公众号等，你都能第一时间接收到官方的信息。这就是连接的便利性。

我们以前参与一些扶贫的工作，我有一个比喻，扶贫就要帮助"连网"，如果你只是给他们送些东西，肯定就会用完吃完消耗完，如果你帮助他们连上网，这个网是我们其他地方人用的互联网平台，那么他们就和我们一样获得公平的渠道，找到自己农产品销售的渠道，找到适合当地生产的品种和技术，找到专家来帮助他们，找到并学会相关的理念。当然我们也可以帮助他们搭网，像扶贫832平台，这是一个国家脱贫地区农副产品网络销售平台，这就帮他们打通了农副产品下游的渠道，这就是社交网络与社交媒体的连接。

4. 分　享

我们常说，生活就是围城，城里的人想出去，城外的人想进来。在进去与出来之前，我们不知道城里城外都是什么样，都发生着什么？社交媒体的分享特征很好地解决了这个问题。

农村人总想了解城里人的生活，但有时候也出不去。而城里人更向往农村的生活，甚至怀念过去农村的生活。抖音与快手等社交媒体平台之所以这么火，火得那么快，我想在某种程度上也是抓住了这个心理。

越来越多的农村人开始分享自己的日常，比如家里做的点心，下地干农活，走亲访友，展示自己的才艺，摄录或直播农村的婚丧嫁娶等。这些也都是挺有意思的事，不管是城里人还是城里的农村人，大家都看得乐呵呵的。这在一定程度上满足了大家的好奇心。同样，一些城里的年轻人也拍摄或直播城里的生活，高档休闲，游山玩水，健身美食，等等，也是让在农村里的人"眼馋"一下。

当然，社交媒体的分享功能在某种程度上也是大众情绪发泄或排解寂寞的出口，通过经常性地分享，缓解心里的压力。这要在以往，心中的不快，或者一些小满足、小确幸跟谁说去呢。如果没有这种分享的出口，很容易出现心理问题。比如在知乎平台上，很多人可以匿名分享自己的一些隐私与故事。

这种分享常常是雅俗共赏，不管是绚丽多彩的城里生活，还是乡情浓浓的农村生活，不管是才高八斗的知识鸡汤，还是随手摄录的池塘捞鱼摸虾，这里没有高低贵贱。由此还引申出不少新的网络词汇出来，如"凡尔赛""晒娃""晒幸福""鸡汤"，等等。

5. 自 我

自我同样是互联网世界里社交媒体的重要特征。这个自我不是自私，而是前面提到了世界进入个人互联网时代的意思。每个人成为一个节点，人的行为产生信息，产生数据，这些数据本身具有价值，更多的节点就产生更多的价值，更多的价值汇聚在一起又产生更大的价值。简单来说，我们可以从以下三个方面来理解自我。

自己管理自己。在所有的社交媒体中，每个人都有一个用户身份，我们需要提供实名的信息，以及自己一些其他的信息，然后我们会分享、沟通、交易相关的信息与价值。正是有了一个个这样的平台，我们更为方便管理自己，当想起某个人来，我们可以在自己平台内部找到他或她，进行交流。我们忘记了过去发生的事，可以在自己曾经记录下来的信息里去再次温熟于心。社交媒体平台成了我们的账本、人脉、书房、日记和娱乐室。当然还可以从自我的角度去管理他人，我们的同事、朋友、家人、客户等，这种管理让我们的工作、学习和生活更为轻松。微信等社交平台的出现，在很大程度上提升了人类的社群管理能力和水平。

平台帮助管理你自己。社交媒体在发展的过程中，其管理功能也变得越来越强大，它会动态汇集我们的行为数据，告诉我们自己已经有多强，别人在哪些方面超过了我们，对你的过去进行足迹分享，比如告诉你已经去过了哪些地方，什么时候是你心情最好的时候。平台的管理不仅用的是你的数据，还对比整个平台的数据来与你的行为相匹配，比如洞察你感兴趣的商品和信息并给你进行智能推送。这就是大数据的力量，最后一章会详细讲到这个。

别人眼中的你。举一个简单的例子，当我们想要了解一个陌生人的时候，我们常常通过这个人的微信看朋友圈，会知道这个人是干什么的，喜欢做什么，家里有娃没娃，结婚没有，有什么重要的爱好，他的生活圈子里都接触什么人。正是基于这种自我，才有了别人眼中的你的样子。

二、扁平社交的价值

上面说的这些特征，主要是基于社会学角度去总结的，社交媒体让世界扁平化后带来的价值则是本部分要和大家讨论的。

1. 管理与服务

互联网的扁平世界，管理也是服务，服务也是管理。不管是管理还是服务，社交媒体让这些变得越来越方便、高效。

让管理与服务的范围无限放大。比如传统的农技服务，只能点对点，或点对群体，服务范围很小，服务内容也留不下痕迹，专家讲过的内容扭头就忘记了。但社交媒体中专家的服务就可以覆盖越来越多的人，理论上可以无限放大，比如今日头条上的付老师服务团队。很多知名的专家，以往都不敢相认，但在社交媒体平台上，人人可以直接获得他们的知识与经验，并开展互动。同样在基层农业管理中，这种高效、放大的例子也比比皆是，官方的平台可以很快地去破除一些不科学的言论，一些别有用心的谣言等，让很多的政务进行公开。

让管理更加贴心与智能。智能手机终端和社交媒体强大的功能，让我们发布、交互的信息形式越来越智能,当我们在农业上寻求帮助时,可以用更为清晰的图像和视频,或者视频面对面地交流问题,从而使问题得到科学快速地解决。同样农产品供求双方也可以清楚地了解产地情况和商品的质量。很多通过直播带货的电商形式,都是田头当场采收,当场打包,然后贴上属于你的快递单当场交给快递小哥并寄递到你的手中。

帮助用户完成转型。很多的传统制造行业,在互联网社交世界里,被转变成了服务行业。比如说农机,传统的农机行业是造农机然后卖,但现在很多农业企业不卖了,农机还是我的,你有作业需要,我来给你提供服务,调度过去,按你的时间点和要求进行付费服务。同样,自行车、电动车、充电宝等都是这样,无须拥有,付费使用,把这些传统的制造产品变成了有偿共享的服务。我们称之为共享经济模式。

2. 发现与商机

社交媒体让我们便于发现,让一部分的表现对接一部分的发现。社交电商就是这么来的,社交因为直接、连接和公平,让我们相互之间的需求得到相互满足,这就诞生了商机。其实在淘宝等平台开始的那一时间,社交媒体的商机已经出现,准确来说,电商平台早已是一种社交媒体,我们可以自己在平台上随意地开店,与客户直接进行交流。

就农产品或农资等农业资源而言,这种商机并不在于你是否直接拥有这些商品的货源,你间接拥有也行,商品挣的无非就是差价,你把别人的东西拿来卖,加价卖给需要的人,这就是生意。而这并不是生意场上的欺骗,因为你在原始产品的基础上提供了更好的服务,而这种服务正是基于人人可以拥有而公平表现的互联网平台。

社交媒体平台的商机不仅在于商品比如农产品本身。任何可以拿来服务的东西,娱乐分享的东西都会有商机。准确地说,相互间的需求就会产生商机。

3. 有为与有位

以前总是会讨论是"有位才有为"还是"有为才有位"这些道理。但在互联网社交的时代,不容易置疑,一定是"有为就有位"的问题,因为这个"位"对于每个社会人来说,是现成的摆放在上面的,就像台上的一把椅子，谁都可以坐上去，至于坐上去展现什么才华，那就是你的能力问题了。

在互联网世界里，尤其是在社交媒体中，只要你肯作为，能作为，你就会有你的位置，不管是卖产品，还是做直播，你的努力和你的收获成正比。现实生活中我们争论是先有为才有位，还是先有位才有为，在互联网世界中，有了位没有为是不行的。于是乎，我们常说"高手在民间"，原来平平庸庸的各色人群，在社交媒体里则是各显身手，拿出了自己的看家绝活，比如有些老木匠，眼看着自己的手艺要废掉了，结果在社交媒体平台上找到了价值，不仅分享了本事，也收到了点赞和流量，挣到了钱，甚至卖出了自己的家具和小工艺，实现了特色商品的价值，实在是名利双收。

同样，我们很多的农业专家也是风生水起，平时只干不说，现在又干又说，收获了大量的粉丝，让自己的农业知识与经验受益了更多的人，同时也得到了平台给予的经济利益收入。

4. 数据与流量

对于互联网来说，接入网络的节点越多，这个网络的价值就越大。比如说，只有一个人有微信号，那这个微信什么用都没有，如果两个人有微信，这个软件就有了用处，而现在微信号超过十亿个，那产生的大数据的价值就无法估量了。用户的行为产生了数据，这是社交媒体平台最核心的价值。

用户、数据、流量是社交媒体平台最核心的东西。有用户的地方就有市场，用户的社交媒体中的行业又给平台赋予了发现新用户新需求的机会，从而让这个市场越来越大。同样大数据的推送行为，本身又是一种重要的广告行业。我们之所以被社交媒体的发展速度迷了眼，最主要的是因为社交媒体平台本身也是在不断的需求产生中发现了新的机会，产生了新的创意，又诞生了新的服务形式。

三、社交媒体发展中的一些问题

显然，前面说的都是社交媒体和这个扁平世界的优点，但凡事都有两面性，这里来说说社交媒体发展中的一些问题。

1. 光玩手机不看人

这是我们最常见到的一种景象,一伙朋友聚会吃饭,常常是各自拿着各自的手机,在手机上互动,相互之间不说话。我们似乎忘记了相互间面对面、眼看眼的交流形式,仿佛手指头变成了会说话的嘴一样。有很多搞笑的视频和漫画也讽刺了这一现象。

2. 应用太多装不下

社交媒体越来越多,每个人的偏好也不一样,为了满足自己生活的不同需要,又要不停地增加自己手机中的社交媒体应用。当清理的时候,发现还比较难以取舍,大多数都与我们生活息息相关,出行公交、出门打车、电商购物、外卖点餐、听书观影、上网聊天,等等。当然,现在有些应用可以通过小程序来实现,比如微信小程序,把很多应用集成在微信的功能里面,确实也是方便了不少。但显然对于我们农业领域而言,当我们考虑为用户提供某种服务时,尽量别再考虑单一的 App 安装应用了,比如最好与微信小程序等进行集成应用。

3. 人人都来充专家

互联网世界,人人可以走上前台,于是"专家"也就多了起来。就农业而言,因为没有门槛,谁都可以发表自己的观点,于是有些人煞有其事地当起了专家,甚至有时候在不经意间传播一些违背科学的知识,而大众用户根本没有辨别能力。但互联网的规则是,谁吸引人谁的粉丝就多,一本正经传播知识的人往往缺少市场,而那些故弄玄虚、吸人眼球的东西反而成了大众围观的对象。我们很多的官方平台,由于不像个人"大V"那样善于吸引流量,落得门前冷落,造成"官言微"的现象。

4. 只图乐呵不进取

社交媒体催生了更多的"葛优躺",很多东西没有营养,没有价值,但是吸引"懒"人,或让人变"懒"。很多人一遍遍地刷着搞笑视频、追剧、玩游戏,而忘记了本职工作,以至于工作效率越来越低,这成了一种普遍现象。社会媒体催生了很多的"懒汉",孩子学习下降,夫妻家庭不睦,就连很多普通的工薪阶层,也感觉工作效率在下降,每天花了太多的时间消耗在没有营养的小视频和一些鸡汤软文中,这种现象需要我们深思。

第三节　为乐为商

作为长年服务于农业产业发展的科研工作者，我更多的是站在信息服务的层面，社交媒体自然成为重要的研究领域和方向，但平心而论，我们和基层一线的农民等生产经营者一样，是站在同一起跑线上。但有时发现，他们懂的比我要多。我理解这就是因为他们才是现代农业产业中需要想得到满足、潜力将得到激发和技术会实现创新的最直接人群。

一、社交媒体的"四化同步"

除了前面一节介绍的社交媒体的本质属性"扁平化"之外，社交媒体在我国的发展也正呈现出"四化同步"的趋势，具体来说就是国际化、专业化、市场化和实用化。

1. 国际化

我们的一些社交媒体越来越走向国际舞台，比如微信、抖音、头条等业已成为国际化的产品，我们的家人、亲戚、同学、朋友、同事等在国外一样可以便利与我们双向互动、实时可见联系。

2. 专业化

社交媒体的内容和运作越来越专业化，包括内容的逻辑、画面感、吸引力、制作的团队、商业化等。在农业领域，一个明显的变化是，农业信息服务由传统的政府服务转为了市场服务。对于基于市场的服务，如果服务不好，服务能力不强就没有用户没有效益，就会被淘汰。

3. 市场化

市场化是显而易见的，各种服务、广告以及随之的商品，都出现了商业化与市场化，比如直播、游戏、科普、教案、电影、知识服务、法律咨询、医疗咨询、付费阅读等。

4. 实用化

以往政府主导的农业信息化的形式主义很少见了。社交媒体的信息服务以人的需求为出发点，不实用就没有互动，没有粉丝，没有流量，没有用处。传统的那些概念指导性的公益服务逐步退出了农业人的视野。

二、农产品电商与社交媒体

在农业人的社交媒体世界里，有很大一部分是围绕着其生产或经营的农产品本身进行的，这其中又分为以下各种的社交媒体应用情况。

1. 电商平台的页面渲染

淘宝、京东、拼多多等传统电商平台，包括大众点评、美团网、58同城等，本身也是一种社交媒体，我们在这其中寻找自己需要的东西，为了达到吸引人的目的，不管是平台本身，还是平台使用者都要费尽心机为平台的互动功能、感观体验做出努力，让搜索、浏览、分类查找、付费等交互形式更加方便，让页面的描述更加吸引人。

2."群"的宣传与号召作用

群把相同性质或志同道合的人聚到了一起，于是很多人利用群做起了生意或做一些广告。常见的比如转发商品的链接，以及组成社区团购让群里的用户接龙共同去购买外部的农产品。

3."团"的合算、延续与黏性

社交媒体中还有一个"团"的概念。"团"即汇聚成团，形成规模，通过批量形成砍价的能力，把零售价变成批发价。我们买东西的时候，单件和整批不是一个价格，这个规则同样适用于网上。很多平台应用也就应运而生，把一些简单的微信群团购变成了线上更加组织化和利润分成化的团购行为，比如拼多多的"我团团"。这不仅是让商品购买更加合算，而且也增加了后续产品购买的延续和用户黏性。

4. 朋友圈的"晒"与"炫"

在微信朋友圈里晒娃、晒心情、晒幸福，成为一种新的娱乐形式，直接完成了传统的人的心理活动的线上表现与展现。而像小红书等产品同样满足了这样的需求。

5. 社交软文的"带节奏"

我们在生活中有很多的目标想要达成，在传统的手段中，直接说出目标与意图，常常会被人抵制，于是社交媒体的"带节奏"作用就应运而生了，让你在慢慢欣赏中，被植入的内容所吸引，从而慢慢地接受。

6. 直播中带货

直播带货是近年来才出现的一个新热点。这种通过个人的影响力、"网红脸"，以及现场的围观感、吆喝力、鼓动力直接把货卖出去，似乎把传统的现场店庆活动带到了网上，并且变成了一个当前非常火爆和普遍的行为。

三、知识服务与快乐分享

除了商业性之外，还有知识性的服务和一些快乐的分享。

1. 知识服务

知识服务者常常是一些农业技术专家，或者那些"高手在民间"的农村有经验的种养大户等，他们通过视频、图文等方式传播农业技术及知识，有些则通过咨询问答的形式。而在一些平台中，这些还是需要付费的项目，比如短视频或咨询，费用很低，走的是规模效应的路线。这在第二章中会进行重点介绍。

2. 灌点鸡汤

有很多的软文，其实走的不是技术路线，更多的是分享经验、激励别人的，我们称之为"鸡汤"，鸡汤有些人喝了，沉淀在心里，用在以后的创新创业中，有些人则是过目而忘。

3. 自　秀

有些人喜欢表现自己，社交媒体是很好的平台，可以有很多观众，也可以没有观众。社交媒体成了不少新农人创业的方向，甚至是饭碗。这样一种以往在农村里"不务正业"的业态，现在成了一种时尚，而且收入不低，当然这里面有些很有正能量，比如李子柒。也有一些负能量，比如一些吃播，有些为了用户的关注点去搞笑，有些纯粹是胡编乱造一些信息。

4. 商业性外秀

不少的自媒体是有组织的，比如拍摄一些不同主题的短片，有其严谨的商业组织运营，每期的活动与表现都有精心的剧本，以及专门的拍摄团队和运营计划。

四、每个农业人要找准在社交媒体中的位置

互联网似乎让这个社会更和谐了，我们常看到的两个人或一群人互不干扰，拿着自己的手机，要么去发布信息，要么去浏览或点评别人的信息。互联网让不同角度的农业人也完全融入社会大网络与生态之中，找到并享受自己快乐的人生态度，发信息自己心里乐，看别人的自己心里也乐，即使是负面情绪，也是一种发泄的方式与窗口。一个充满活力的社会需要形成创新创业的思想观念和机制，形成鼓励人们想干事业、支持人们干成事业的社会氛围，放手让一切创造社会财富的源泉充分涌流。智能手机普及与网络信号便利使得不同角色的农业人也都入了社交媒体的局。那么不同角色的农业人在社交媒体中如何把握好自己的定位，在此给予一些粗浅的建议。

1. 农村创业人

一个真正的农村创业人，他一定是一只脚踏在农村，另一只脚踏在城市，这种联系才能让他真正明白农业农村现状与城市消费需求变化。拿农村的资源和能力去服务城市与市民的多元化需求，这是农村创新创业人的职责和使命，同样也是商机所在。比如基于纯农业或农产品角度，通过微信朋友圈或微信群发布农村生活中的趣事、感悟，或者发布自家的农产品信息，比如种植、成长、采摘等信息，让城市消费者第一时间了解农产品产地的情况。这样的形式在现在已经非常常见和普遍了，但十多年前还很少见，在微博刚开始兴起的时候，四川双流有一个农民就以这样的方式去做了，后来还受到了一个国际组织的资助。

抛开农产品不说，农村里还有很多除了农产品之外更有趣的东西，比如利用农副产品进行编织的一些日用品，一些成了生活用品，一些成了装

饰，一些成了小孩的玩具，这是产生的新的商机。当然放眼现在来看，做这些的人也很多，但整体来说，创意以及商业方面考虑得还是不够。我们更多把这个当成了一个销售的产品，而很少去表现其背后的农耕文化的细微内涵。从人性角度上来说，其实也是让一些农村的巧手艺人去发现自己潜在的能力，就像当年在城市里唱歌的农民工兄弟俩旭日阳刚，不也正是发现了除建筑之外别的能力了吗。把个别现象变成大众创新的一种氛围，更好地增添城市生活中的乡村色彩，不是要树立典型，而是要做好城乡融合，产业融合。

2. 农业科研者

农业科研者不要做社交媒体的旁观者，要做参与者。在这个信息大爆炸的年代，人人可以表达观点，人人敢于表达观点，人人善于表达观点，作为农业科研者，应该把视野放得更广一些，要善于在社交媒体中发现知识、发现灵感，不要仅仅沉醉于以业绩、职称等为导向的科研论文与学术期刊之中。要加强对社会媒体的研究，特别是农业科研工作者，作为一个科研人员，如果连跟上时代的能力都不具备，那是一种故步自封。同样要学会参与其中，甚至要把自己变成网红。

3. 基层农业决策者

基层农业决策者的使命之一是发展农业产业，要使一个地方的农业产业兴旺发达就需要宣传，而传统的宣传媒体及手段是不够的，仅借助第三方平台去宣传也难以达到很好的效果，我们基层的农业官员应该直接上阵，比如建议在县级领导或农业农村局领导中有一人专门负责宣传，要自己进入宣传的角度，而不是任务似的偶尔搞个直播带货。当然我们也意识到，基层决策者总体的社交媒体意识还是薄弱的，这主要在于其成长经历与所在的站位，这些应该去主动改变。

4. 高层农业决策者

高层农业决策者由于年龄和所处的时代，很难想象他们能够像年轻人一样去理解和融入社交媒体，但他们是产业发展等的决策者。加强对他们的科普，提高他们的认识，或者希望他们能够放手让团队中的年轻人按自己的想法去探索实践显得尤为重要。比如，我们以前总说城乡信息化发展的差异使农民处于市场竞争的不利地位，农民与外界的沟通受阻也导致市场竞争中的不利地位。在很多年前，我们说要架设网络信号线，给予他们买手机的补贴，教会他们使用手机。但现在来看，好像并不是这些问题。应该是从他们的需求角度，去帮他们发现一些应用的窍门，去学会在社交媒体中的一些技巧，比如如何发视频，如何提问题，如何找专家，如何开店。

5.城市打工者

城市打工者是为了提高家庭生活条件，在更好的天地里发挥自己的能力和天赋。当然，城市生活不像农村，工作之余充满着无趣和寂寞，那么从某些方面，社交媒体填充了他们心中的空缺。社交媒体内容的平民化，使得总有内容适合他们，这样就满足农村在城市打工人群的思乡情结与兴趣点，很多农村的事，他们看着也熟悉，某种程度上说，这种排解寂寞让城市社会更安定。但同时我们也应意识到，如果整天沉迷于这些也不行，社交媒体拉近了人与人之间的距离，在纯娱乐的同时，他们也看到了各种的科技、商机和经验，激发了他们的兴趣，不管是政府还是科研等一些公益性部门，应该做好这些对接，帮助他们获取技术和能力，同样鼓励他们去学习新的技能，提高生存能力。高手在民间，是金子总能发光，有了这样的土壤，就需要好的引导机制和成长培养平台让他们真正成才。

6.居家老农民

居家的老农民由于缺乏对信息的鉴别力，使得很多的谣言和不科学的知识在他们之中流传，有时造成财产损失。这是一种信息的不对称，子女和社会应该给予更多的关注，毕竟他们已处于这个信息缤纷的年代，而且很多人已经学会了在社交媒体中遨游。

五、反思与建议

社交媒体来得如此汹涌，以至于我们还没来得及判别就被迫适应了，风潮之中，我们可以开始反思，尤其对于农业角度来说，有哪些值得总结，有哪些值得提醒。

1. 精英治理与全民舆论

社交媒体大浪潮来临之前，舆情是掌握在精英之中的，因为普通人没有很强的发声器和平台，比如一些重要媒体，报纸、电视、刊物等。而且这些信息的发出，大多是经过深思熟虑的。但到了社交媒体时代，人人掌握了主动权，不管是国内还是国外，有观点的表达，有情绪化的发泄，有客观的评价，有灌水的潜规则，有知识的服务，有随意而不知道自己说的是什么的自言自语。一方面，大家通过社交媒体里海量的信息去寻找自己所需要的所谓的自我认同以及社会的认同，而另一部分人，则迷失在其中，无法判别或者轻易相信。而从中也可以发现规律，观点意识的总体趋向，也可以发现主流意识下其他思想和观点的涌流。

2. 重视社交媒体应用

相对来说，农业人对社交媒体的应用是比较弱的，尤其是农业科研工作者和地方官员，他们应该多花点心思和时间去研究社交媒体，不要把应用社交媒体当成不务正业。早在十多年前，欧美的科学家就开始用社交媒体开展科普宣传、技术咨询和成果展示。科研人员与专家要学会做观众欢迎的直播互动，他们才高八斗，学富五车，抛弃学究和害羞，一样是个风风火火的网红人。经常看到一些农业专家在直播里还是像平时讲课一样播放PPT，在课堂上大家不好意思不听或离开，但是在网络上，当别人不感兴趣时，就会离开。还有一些觉得是新鲜玩意，效果好不好无所谓，做了就是成绩，然而线上一些人不停点评说好，其实手上在忙别的事。很多人把一时的一些小成就、小流量当成很大的成就，殊不知有些还不如一个地方的老农来得红火。农业科研人、农业官员，要学会把虚荣转化为繁荣。

3. 多追逐利益少做看客

更多有志向的农业人，应该多想着在社交媒体里去获得利益与效益，而不是跟风似的去给网红献个花，刷个"跑车"什么的。应该多做有价值的事，特别是科研人，要有社交媒体进行成果转化的思维。现在，有不少有头脑的农业人已经开始行动，他们主动参与了社交媒体的创作。今日头条、抖音、快手等平台中，都会鼓励乡村人才去开展软文或者视频的创作，包括直播，形成了一种价值链。而农业科研人应该善于填补社交媒体上服务的空白，比如说服务于青少年的农业科普教育。

4. 要讲科学懂得辨别

社交媒体里，因为人人可以直播，于是人人可以成为所谓的农业专家，而用户也不了解其真假身份，导致一些不准确、不科学甚至可笑的理论与案例让人迷惑，甚至成了非主动的谣言。还有很多做作的行为，比如用牙签把水果串在树上，造就硕果累累的假象，让人看得很低级。相关部门应加强监管。

5. 要弘扬正能量

总的来说，农业的正能量在社会化的社交媒体中表现不足，而这与农业科研人和官员等的缺位有一定关系，我们应多宣传好的农业成果、致富带头人、辛劳的基层农技人员等，当然还有农耕文化传统、农业科普教育和一些大众或专业的农业知识服务。

6. 不要轻易去搭建自己的社交媒体大平台

很多的企业、科研单位和政府主体觉得自己有权威有资源，就希望依靠自己的力量和用户去发展自己的社交媒体平台，他们注定面临着失败，我们需要有清醒的认识，如今人们有那么多的超大平台都关注不过来，怎么可能有时间去关注一些新生的平台。我们要做的，要么是在大平台中做一个有影响力的用户，要么利用微信等平台的小程序去建立自己的服务，让更多的人方便使用和关注互动。

7. 要尊重原创

市面上流行一句话，"种菜的不如炒菜的"，或者说"饿死种菜的，肥了炒菜的"，说的是做农产品销售的要比做生产的风险要少，挣钱要多。但在网络中，一部分人努力制作的原创作品却很难有成就，但有些人拿着别人的作品做点加工，产出快，效率高，成本低，收益大。这种做法是很不道德的，农业人在社交媒体中要尊重原创，尊重知识产权。

第二章

知识服务

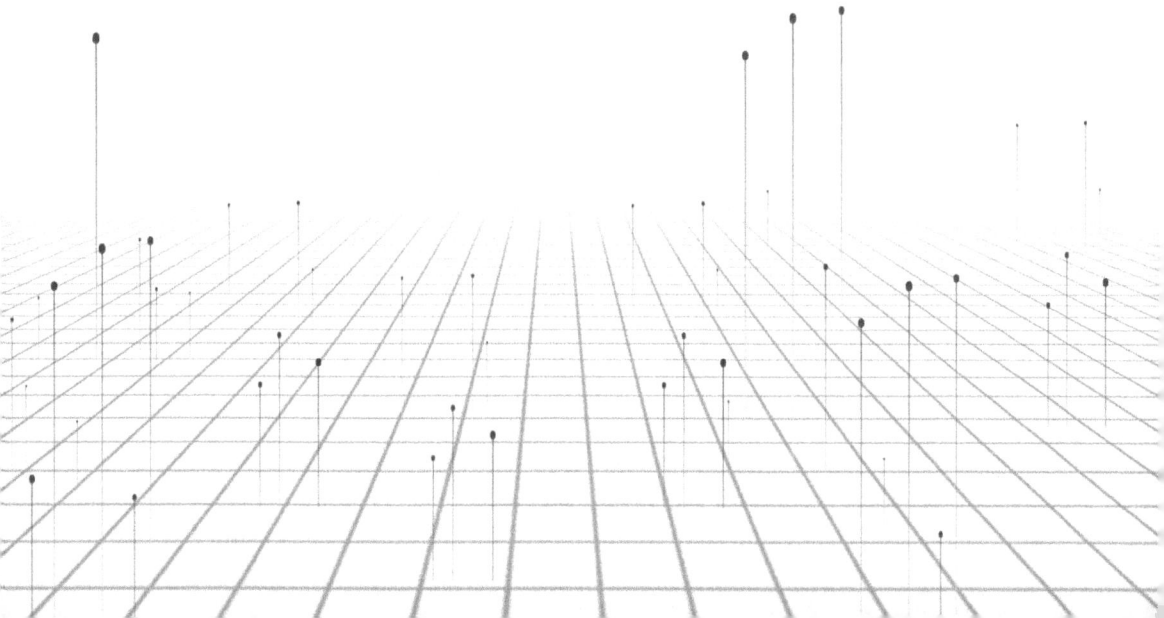

知识服务是新互联网时代的另一个重要特征，而这也与社交媒体的广泛普及是分不开的。同时，知识的概念也被进一步泛化，知识不再仅仅是科学知识的代名词，很多时候成为相互需要的一种信息形态。

互联网时代的知识获取很多时候是一种服务与被服务的形式。本章站在农业的角度，先从农技服务说起，来共同讨论一下知识服务的当下与未来。

第一节　农技服务

在农业的知识服务中，农技服务是一个重要的领域，因此，本章就先从农技服务讲起，一起梳理农技服务的过去、现在和未来，以及在新互联网时代面临的问题，需要做好哪些转型。

一、基层农技人员

基层农技服务是联系科研、教育和生产的纽带。我们的科研人员要进行生产试验、我们的教育人员要让学生亲身实践，我们的科研教育单位的成果要应用，都需要依靠基层农技服务来实现，科研成果的潜在生产力才能转化为现实生产力。而这其中，看得见摸得着的，就是基层农技人员。

1. 默默无闻的小人物

基层农技人员是默默无闻的小人物，因为生活中我们很少有人关注他们，我们不知道他们在干什么，甚至有些人质疑他们存在的价值。为此，我们想彰显一下这个群体所作的那些默默无闻的贡献，但遗憾的是，并没有成功。我们曾经做过几期宣传老农技人员敬业的事迹故事，用图文的形式去展现他们的日常辛劳，他们骑个摩托车或电瓶车，常年奔走在田间地头。他们的经验，他们所受的欢迎，他们的辛劳和对事业的执着，我们希望把这些故事更多地作为正能量展现在社交媒体之中，但显然，得不到社交媒体平台流量的支持，最后只好作罢。

2. 基层农技人员群体

基层的农技人员分为两部分人群，一部分是我们通常理解的，工作在乡镇一级的农技人员，他们更多地服务于生产和自上而下的一些任务分配，比如农情调查。另一部分是工作在县级，主要从事植物保护、土壤肥料试验、农民培训、农产品质量安全监管等工作。

二、基层农技人员的业务工作

了解了基层农技人员之后，我们就一起来了解一下他们的工作。很多人甚至很多工作在农业口的人也不太了解他们的工作内容。

1. 农业品种、技术、投入品、装备工艺等的试验示范

农业生产是一个先试后用的过程，有一些科学家育出的品种，引进过来之后，能不能种，需要先试了再看，很多时候，需要基层农技推广单位先试。他们可能在自己的试验基地进行试种，也可以用农民的地来试种，给农民适当的试验补偿。如果事实证明，引种的效果很好，产量高、抗性强、品质好，那这个品种就很容易推广下去，反之则被淘汰。同样，一些生产技术，新的投入品，比如降解地膜，新的农药除草剂，化学的或生物的肥料，还有一些装备工艺，如小型农业机具等也都需要先试后用。

2. 农业品种、技术、投入品、装备工艺等的推广与宣传

试验成功后，再推广给农民，也是一件挑战难度很大的工作。主要原因是农民不信任。一方面在于农民本身一直是生产的参与者，有多年从事农业生产的资格，在技术上有自己的一套想法甚至理论；另一方面以往的很多农技人员既是官方的推广员，又是私下的经营者，导致农民对其不信任。这就要多宣传，做给农民看，讲给农民听，带领农民干。

3. 农业技术等的坐诊、下乡服务或电话咨询

在农村，农技人员是官方的免费专家，一些学术有成，经验丰富的农技人员，仍然深受农民欢迎，农民会到他的办公所在地去找他，或者打电话找他咨询。而他们也经常下乡去服务，接受现场咨询并提供服务，告诉农民该打什么药，该用什么肥。在一些发达地区，政府要求基层农技人员分片分包地对生产经营主体进行入户的日常指导服务，建立了高质量的服务中心或农技站接受农民的生产问题咨询与临场服务。从国外的经验来看，不管社会经济发展到什么阶段，作为相对弱势的农业生产群体，政府应始终保留这种逐步完善起来的公益性服务，给予他们官方的正确指引。像美国、加拿大等西方发达国家，基层农技服务中心有很多应季更新的技

术明白纸供农民过来取阅，而坐诊的专家也会对他们进行指导。

4. 农业情况的调查

农技人员与农情调查是政府了解我国农业生产情况的重要手段和抓手。基层农技人员要做好农业生产、经营等情况的日常调查。各地的生产安排、粮食产出、土壤普查、品种、栽培方式、花期调查、生产成本调查、效益调查等，不胜枚举。每年每季有大量的表格需要数据统计和调查，这是农技人员当前的重要工作之一。通过农情信息的采集和报送，上级领导可以及时地掌握到基层的农业生产动态，从而为领导和政府部门决策服务。当然，随着信息技术的发展，这种调查的方式也越来越现代化。

5. 病虫害、灾情等的及时监测与调查

我们的粮食和主要农产品生产为什么能够一直保持这么稳定，当然政府决策和专家的科研创新支持很重要，但真正到了田间地头，发现问题、分析问题、解决问题的最前沿还是基层农技人员。比如说县级农业部门、植保部门需要组织乡镇级动态地去监测害虫的情况、病害的发生。当气象灾害发生时，基层农技人员及时检查并测报出受灾面积和程度，然后再由专家提出补救的决策措施。作物病虫草害的调查和指导农民的防治工作，就是在做好农作物病虫草害的数据调查的基础上，上报上级业务主管部门经专家团队提出防治意见后，指导农民做好防治工作。这种病虫害的数据调查，全国有一套系统，需要从乡镇逐级上报到农业农村部。农作物的病虫害都有适宜的防治期，一旦错过，损失就会很大，甚至颗粒无收，所以平时的预测和调查工作特别重要。

6. 农民与新型主体的实用技术培训

培训是对技术、理论和方法的一次次集中式指导。而基层农技人员有时是组织活动的主力，有时也是授课专家的主力。一次次的培训活动，要把新知识、新技能及时传递给一批批新成长起来的新型主体。

7. 农产品质量安全抽测与检查

农产品质量安全的守护也需要基层农技人员来完成，为了保障安全，各种抽查、检测是少不了的。这些工作，需要分布在各个乡镇的基层农技人员去完成，有些配备了速测的设备，有些建立了专门的检验场所，延伸地服务于农产品质量安全的监管工作。

8. 农业信息服务与宣传

对于信息服务工作，基层农技人员一是做好信息的采集、分析和汇报，就是要跑田头、走村头，调查了解农村、农民、农业生产及农村市场实际情况，汇报上级部门，为领导做出决策提供依据，同时将典型、成功经验等内容通过网络、广播、电视、报刊等媒体发布。这和前面专一化的农情调查工作不一样，农情调查基本上是自上而下分配好的统一性工作，而这种信息服务调查常常是基于县域的自我管理而形成的任务分配。此外要做好农民的信息服务工作，向农民宣传国家的农业方针政策，为农民提供生产技术和市场等信息，为农民生产经营提供一些意见建议等。

9. 其他交办的相关业务

由于很多乡镇级的基层农技人员编制属于乡镇，而乡镇由于人员缺编，工作业务量大，因而基层农技人员除了要做好农口上的工作外，还要花大量的时间从事乡镇分配的其他领域的工作。

三、农技服务方式的变迁

社会在发展，经济体制、政治体制、人的思想、生产技术、信息技术等，也都随之而发生显著的变化，显然，农技服务方式也不断发生着变化。我们简单地分为：计划经济时代、管理推广与服务兼顾时代、社会化服务时代和互联网服务时代。

1. 计划经济时代

计划经济时代是一个比较久远的年代。在计划经济时代，由于生产是有计划的统一实施的，因此农技推广也是一种生产技术的实施与应用。这个时代的农技推广，主要是二十世纪八九十年代前，主要是以管理为主的，是一种生产的集中指导，农技人员的地位很高，他们具有较好的、扎实的理论与实践基础。而对于生产，土地的所有权和使用权都属于国家，农民不能决定地里种什么，只负责提供生产劳动，和现在的农业产业工人差不多。

2. 管理、推广与服务兼顾时代

计划经济时代之后的农技服务，就进入了层层迭代的时期，意思是每一个阶段都是在原来基础上有了新的升级和迭代，第一个开始的，我们称这为管理、推广与服务兼顾时代，这个时代开启于改革开放之后，二十世纪八十年代一直到现在。

当前的基层农技推广体系是改革开放后建立起来的，当时提出来国家建一些基本的办公条件，如办公场所的房屋建设等。此后在不同时期又做了一些完善，特别是2005年之后开始的基层农技推广体系改革以及伴随而来的每年覆盖全国所有农业县的基层农技推广补助项目。

说是管理，是因为农技服务承担着国家农业生产管理的很多重要职能，比如粮食安全、农产品安全供给、农业产业结构调整等。说是推广，主要是新品种新技术的推广，不管是市场的形式，还是政府主导的形式，要让科研成果应用于生产。说是服务，也是政府主导的公益服务和市场主导的有偿服务共存的阶段。

这一阶段，从一开始的由于机制不清，很多农技人员下海成为农资销售者，导致农技推广线断人散，再到后来，国家重视农技推广，队伍活力再现，又到后来，市场服务随着经济发展加速，专业服务市场再次兴起，开展全产业链的服务方式出现。应该是整体起起伏伏。这一时期，农业技术推广法从制定又到了修订。《中华人民共和国农业技术推广法》1993年7月2日经第八届全国人民代表大会常务委员会第2次会议通过；2012年8月31日第十一届全国人大常委会第28次会议通过了《关于修改〈中华人民共和国农业技术推广法〉的决定》修正。

3. 社会化服务时代

在管理、推广与服务兼顾的大时代背景下，由于农业生产逐步走向专业化、规模化、机械化，生产的主动权越来越集中到少部分人手上，他们要求的服务更加集中，更加全面，这种服务不是可有可无的咨询或拿来试试，而是只能成功不能失败，因此立足于社会化服务的时代就产生了。典型的代表就是"寿光农技员"。寿光农技员是一个代名词，其实我们现在看到的，比如种植草莓的技术人员，有来自安徽的、浙江的、江苏的、湖北的等，种植药材的有来自山东、内蒙古、甘肃等。农技员不再是政府主导下的这部分人群的专用名词，而变成了一种市场化的技术能力和职业型专家。他们的背后常常不是其个人本身，是一个企业，所涉及的不只是教你技术、指导你生产，背后的是种苗、农资和最后产品收购等整体的大买卖。

4. 互联网服务时代

作为知识服务的主要内容之一，互联网与信息技术的发展无疑给农技服务带来新的质变和飞跃。在社会化服务的大背景下，互联网下平台式服务阶段正式到来。互联网时代社会化服务的农技推广（2011年之后），其实最早可以追溯到1992年农业部（现农业农村部）执行的一个世行项目，世行投资建设了相关的信息系统，在当时的理念上，农技推广的实质就是信息传递。

移动信息服务的兴起，让手机应用中农技推广的服务成了热门，此后诞生了一大批官方的、企业的、民间的农技推广服务App，据2016年前后初步统计，达500个之多。这其中，由我们的团队开发的农技云是国内首个，在2011年开始推出。此后，中国农技推广App、农技宝、农技耘、农医生、农管家、农大夫、天天学农等平台层出不穷。但随之而来的，一些综合性社交媒体，如今日头条、知乎、贴吧等的兴起，农技服务型App也逐渐淹没其中，成为内容领域的一分子而存在，而那些单一服务于农业的App由于僵尸用户的累积而逐步消失。

四、农技的多元服务主体

前面说到农技服务是公益和市场并进的行为，是社会化服务行为，这里很有必要分析一下农技的多元服务主体。

1. 政府主导型

农技推广体系是一个非常庞大复杂的体系，梳理认识这个体系，有利于我们正确认识国家农业发展的支撑体系。从大的方面来讲，农技推广是个比较广义的领域，各级政府部门、民主党派、人民团体都非常关心农技推广事业。各个民主党派也有相关支持农技服务的机构和资金项目。比如在培训体系中，从农业农村部的广播电视学校，我们简称农业农村部农广校，到省级广播电视学校、市广播电视学校、县广播电视学校，均承担着农业培训的功能。在推广体系，有全国农技推广服务中心、省农技推广服务中心、市农技推广服务中心、县农技推广服务中心、镇农技推广站、村农技服务点。在各级的农技推广中心，有作栽站、种子站、科教站、培训站、畜牧站、林果站、水产站、质检站、土肥站、植保站、园艺站等。

从国家战略而言，农技服务，特别是基层农技推广体系的服务，其重要性是长期的。服务的运行，主要依靠政府的项目机制，如基层农技推广补助项目，新型农民培训项目，产业技术体系项目等。政府根据区域主导产业发展和生产技术需求，以五级农业科技推广部门为主体，同时联合科教研单位、涉农企业等，开展技术指导、技术培训、信息传播、试验研究和示范推广，将农业科技成果和新技术普及到生产中。

2. 市场主导型

市场主导型显然没有这种强大的自上而下的组织结构。主要有以下几种形式：一是"农资供应+技术服务"形式，卖东西时提供产品附带的服务，主要是农资生产企业，为了销售自己的产品并获得长期稳定的用户，会免费向农业生产者提供相关的技术服务；二是"生产基地+技术服务"形式，即订单农业的形式，为了获得稳定、符合标准的农产品，需要围绕生产基地的建设，按照规定的操作规程，对农业生产者进行技术指导，从而确保产品的稳定高效产出；三是农业科技服务公司直接提供农业技术的服务方式，这些企业有技术，实现技术有偿输出，派出技术人员吃住在生产者的基地里，以一定的规模和年限来计价服务，这种形式发展到后来也变成了全产业链的综合服务，比如为生产者提供生产资料，或者收购生产者的产品。

3. 互联网平台主导型

互联网平台主导型是一种新的形态，比如今日头条的付老师团队，通过让有经验的农技人员及其团队入驻平台,提供视频的、问答的农技服务,从而获得用户的关注。而有些像"天天学农"则一开始采取有偿付费的形式让农技人员入驻平台。今日头条这样的平台采取的是免费浏览的形式,其盈利点在于平台本身,通过农技服务视频展示提高平台的用户和流量,从而获取效益。

4.科研教育协会主导型

科研教育体系也是垂直化的,在科研体系方面,政府主导型的有中国农业科学院、省农业科学院、市农科所、县农科所,虽然一些县级农科所逐步退出舞台,但在发达地区,像江苏的昆山、常熟等,县级农科所仍然很强大地存在着。教育体系中有国家级农业大学、省农业大学或职业学校、市农业大学或职业学校、县级农业职业学校等。从事科研的还有很多企业性的农业科研机构以及企业和科研单位共建、地方政府和科研单位共建的新型研发机构,他们都从事着农业科技与推广工作。值得一提的还有各类协会,从国家级到省级到地方级,他们掌握着不同产业的全产业链生态,是一支非常强大的社会力量,参与着农技推广等复杂的工作。此外,如科技部的科技特派员机制多年以来也发挥着重要的作用。

五、当前农技服务的问题

翻阅农技服务的研究论文和社交讨论,虽然在一次次的变革下,我们不断地进步,但农技服务仍然存在着一系列问题。即使是现在,在搜索引擎、社交媒体中很多人在提问农业问题时,还是找不到很好的答案,当然这一方面是由于农业本身的复杂性、强烈的地域属性,以及诸如病虫害等的易变性,但另一方面,作为弱小行业,在新互联网时代,我们还是有太多的机制没有得到理顺。

1.政府体系的队伍能力不够强

政府体系队伍不够强是一个不争的事实,这导致的一个后果是,一些生产经营主体不信任农技推广队伍了。近年来农技人员的更新比较少,主要成员还是一些老同志,这些老同志中,当然不乏经验丰富者,但也有一部分在市场浪潮中基本忘记了本行，变成技术服务的能力低下人群。而即使有经验的老手们，有的也是知识陈旧，难以满足现代农业的发展需要。传统的农技服务的思想、方法、知识、结构不适应现代农业的需求与发展。

相比之前，我们说的农技服务的问题，主要是社会上不理解，国家的支持少，我们自己的宣传也不到位，农民的接受意识很弱。另外，我们的队伍体系不稳，农技人员要干很多其他的事，工作重心不在推广服务上面，知识结构老化、服务方式完全不能适应新时代。当前，我国约70%的乡镇农业科技推广机构采取乡镇政府为主管理或县级农业部门与乡镇政府共同管理的管理体制。这容易造成乡镇农业科技推广人员职责不明、上级业务部门安排的工作执行不到位的情况。分析县级农技推广人员，存在以下几种情况，一是学历高，但缺乏实践经验；二是学历低，但实践经验丰富，目前他们是主力，但存在知识结构单一，知识老化，学习能力不强，一些信息技术手段不会用，不能用"新武器"开展农技推广的问题；还有一部分学历低且实践经验欠缺，这部分人所学专业不对口，他们做不了农技推广的事。

2. 社会化服务的队伍力量分散

社会化服务固然好，是未来的方向，但农业是弱势行业，一些互联网大佬们基本看不上这个行业，很少有人想着涉足这个领域，把这些分散的资源整合起来，然后形成合力。这样就导致各个地方、各个领域的社会化服务力量各为其主，各自服务着自己地盘上的客户，知识更新慢，服务效益低。由于规模效应差，效益也差，服务质量也很难跟上。

3. 面临的挑战不断变化

不管是农业生产还是农技推广，时时面临着诸多的挑战，而这种挑战又时时变化，这影响着农技推广效益的发挥。随着生产的要求越来越高，新的技术对生产者的要求也越来越高，不是所有生产者都能满足这种要求，这就导致推广不畅。而新技术需要一定生产规模、经济实力与投入，但一般农户更多想的是规避风险，希望投入少见效快，这又是对接中的意识合拍问题。科研与推广的对接不畅是个老问题，当前面向一线生产的科研产出成果不多，科研工作者第一位想的是职称和报奖成果，当前科学家的评价体系不利于与推广的对接，不是面向市场为导向。很多农民考虑的是卖得好，而不是种得好。很多信息技术和应用没有真正考虑到农民的使用习惯和能力，导致农民去寻找知识服务的能力不足。

六、互联网时代农技服务的理念转型

新时期农技推广队伍的可持续运作，需要完善的管理、规范的运行、精干的队伍、稳定的经费、必要的工作条件、现代化的推广手段。在这里我想更多地说说理念和机制。

1. 去服务还是去推广

从计划经济到市场经济，农民自己种地，农技推广有了本质的不同，以前的农场、人民公社，那时的推广，是技术员落实上级对农业技术的要求，有时候会强制使用某些先进技术。现在来看，很多农技人员还是原来的思维，包括管理干部，留恋于过去的行政的推广。现在情况变了，现在是市场的推广，农民是生产主体，需要哪些技术，农技人员要去服务，和以前的去执行政府安排、落实行政监督完全不是一回事，对应的是处方、咨询、网络、热线、手机的线上平台，这样的过程，比较像美国的农技推广形式了，这是一种服务，而不是让你去推广。要强调服务是主体，要有强烈的服务意识。地方农业机构对主要的产业、主要的生产主体手上和心里要有一个清单，是主动去为他们提供服务而不是等着他们来找我们服务。

2. 体系化还是扁平化

是搞成体系化还是扁平化呢，显然应该扁平化，这是新互联网社会的特征。经常听人说，乡镇一级不行找县级，县级不行找市级，市级不行找省级，省级不行找国家级。然而知识没有高低和贵贱之分，不管是什么工作岗位上的专家，大家都是一家的，国家级不一定比乡镇级要厉害，每个人侧重点不同，专攻不同。当然从管理本身来说，政府主导的农技推广服务，既要实现垂直体系下的服务，也要考虑扁平化的服务形式，两条腿要同时走路。在扁平化体系中，还有一个问题就是，提供服务的专家和生产者之间也是平等的，专家没有高人一等，对方不是弱势群体，这就要求我们在农技服务过程中，不是要去主导他，他是主角，应该去服务他。政府主导的信息服务平台，最缺的就是扁平化，如何做到扁平化，就要学会和社会化平台去结合，和互联网平台去结合。

3. 专家融入社交服务

专家有两个诉求，一是要实现经济价值，二是要实现社会价值，经济价值就是用钱来衡量的，多服务能多获利，而社会价值是社会对其的评价，社交平台、社会化服务能帮其很好地实现社会价值，有了好的社会价值，经济价值也会随之而来。很多被今日头条等聘为专家的农业技术人员，如果能力出色，他们会在平台上找到很好的位置，有更多的人向他提问，更多的人采纳他的措施，更多的人向他表示感谢，他就会感受到自己是被需要的，自己是有价值的，当然他们从平台上也会获得可观的收益。这就是为什么专家应该更多地融入社交服务之中，充分发挥其主观能动性，不要把他们捆在任务式的体系推广队伍和业务中。地方的农业管理官员，要换换脑筋，对于特聘的农技员，要有培养红人的思想，要提升他们的能力，提高他们的表现力，这样他们不仅能够服务好产业，还能成为一个地方产业发展的带头人、宣讲人和形象大使。宣传一个地方的农产品，不能光靠几个长得漂亮帅气而不懂农业的网络红人。

4. 管理、支撑、服务与协作

农技推广工作要处理好管理与服务的关系，前面说了较多的服务方式与服务意识，但管理也很重要，要为大农业的安全和小农业的创新做好支撑，比如在信息和数据方面就要加强管理。当然，处理好管理与服务的关系还包括，要让那些保障粮食安全的农技人员安心搞好农业生产与农情的事情，让有服务能力的人去多服务。农业管理部门要学会对外协作，与科研单位，与企业，与互联网平台，与电商平台等都要搞好协作。

5. 让大数据应用落到实处

在农技推广中，一个大的问题是对接，我们很多时候感觉对接不上，有技术的人和需要技术的生产者对接不上，有成果的科研专家和需要技术的企业对接不上，有好产品的生产者和需要产品的批发商对接不上。这就需要借助大数据的力量实现对接，大数据可以轻易地去洞察这一切。要完成这项工作，农业管理部门、生产者、科研单位等很难做到，应该是从事农业信息服务的部门和开展信息社会化服务的平台共同去研究这种对接的机制，通过大数据的技术进行对接和做好后续的服务。

6. 破解培训的难题

农技推广中的培训很难搞，主要问题是没人来，讲的知识受训者不感兴趣，当然我们有时把培训当成一种任务，让一些不需要培训的人来听以完成任务。一方面需要组织好受培训的对象，另一方面还是要开阔思路，多看看网上社交等平台的形式，要打破常规，用新方式、新声音、新理念去升级培训的形式。

7. 全民农业科普教育

新时势下农技推广还应有一个新的任务，那就是全民的科普教育。现在农业科普教育越来越得到重视，尤其对于青少年。但目前来说，很少有农业农村管理部门有这个意识。

8. 科研与推广如何对接

我们经常说科研与推广对接不畅，这其实是错误的，对接不了的东西始终都对接不了，而有生产应用价值的科研成果总是在第一时间得到对接。但我们缺少平台，我们的对接更多是案例式对接，是一部分专家资源与一部分生产者进行对接，不管是政府还是科研单位的领导本身，缺少一种好的思维去完成这种大规模的对接。国家的产业技术体系其实在这一方面做了很好的工作，让品种得到更新，让新的技术得到推广，但总的来说，人才的交流是个硬伤，农业人才跨区跨行业的交流规模太小，在平台层面上远远未形成气候，这是未来科研与推广对接的重点，人才的对接会带来所有的对接。

9. 农技推广也要向电商等领域延伸

如今农技推广不能孤立地存在，对于生产主体来说，他们需要的是全链条地发展，生产技术在社会化服务大潮中变得越来越标准化，但如何掌握好的生产资料，如何把东西卖出并卖好，农技推广要考虑如何将整个产业链条进行衔接，要把触角延伸到电商等领域，要学会做好这些方面的服务。

10. 农技管理部门不能盲目跟风现代信息技术与新科技

不要为了"样子、面子、政绩"而去应用信息技术，要让信息技术真正帮到市场主体，即生产经营主体。智慧农业肯定不是一些经济欠发达的地方农业发展首选。一些基层县及乡镇醉心于物联网、大数据、无人机等，要考虑地方财政与当前要解决的主要问题，好好去利用那些不用花钱的社会大平台，其价值显然更大。

第二节 知识分享

从整个社会人群来说，通常所说的农技服务会有一些狭义的理解，因此，这一节我们就从知识分享角度来谈谈生活中的涉农人如何看待知识服务、分享知识和获取知识。这是一个很宽泛的话题，如果大家对社交媒体中的涉农领域比较熟悉的话，就会发现，需要知识的人、分享知识的人，完全不是局限于我们生活中与生产相关的人，农业知识服务覆盖了太多的人群，对科普、对食品、对生态等的知识了解，让农业类的话题在知识社区中占有很大的空间。

一、知识碎片

发布农业知识不再是农业管理部门或农业专家等的专利，而变成了一个社会大众人人可参与的事情，这必然就导致了知识碎片现象的产生。知识碎片的出现，表明知识更多了，知识的领域更丰富了，知识的形式更多维了，知识的来源更加多元了。

1. 知识渠道的复杂多元

传统的知识是教科书式的，有唯一性，有权威性，但当人人都去分享观点的时候，观点也成了知识，有些过去是错的，现在变成对的了，有些现在是对的，过一段时间就变成错的了。我们可以把很多人观点的趋同当成知识，正如我们利用大数据去分析社会的舆情一样，因为这样的分析可以决策和指导产业的发展，比如说把百香果卖到哪里更有市场。知识来源的渠道多了，就存在着选择问题，这个问题后面再讲。

2. 知识数量的海量庞大

渠道多、碎片化，就必然导致一个巨大数量的问题，通常称之为海量，不管是在搜索引擎中还是知识社区中，我们能很轻易地发现我们查找的知识，当然有的时候也不一定是我们需要的知识，还有同样同类的知识,这些知识的利用,很多农业信息科研人正在研究工具去提炼和总结,以方便服务于我们普通的读者。

3. 知识内容的短小精干

在逐渐摸索到人的心理特征之后,知识就开始变得短小精干了。比如传统的农业视频都很长,用一两个小时去系统讲解苹果树的生长管理。但如今就变成了一个个短小的视频,修剪归修剪,疏花归疏花,不管是阅读还是观看,更加贴合知识需要者的胃口。而很多农业知识的问答,也是直接从小处着眼,回答又直接切中要害。

4. 知识质量的鱼龙混杂

来源多就免不了滥竽充数,真专家和"假"专家混在一起,甚至有些人浑水摸鱼,还有一些别有用心的人散布不科学的谣言,这就需要寻求知识的人有很好的辨识力。一些平台采用了认证机制,比如对答主的学历、职称、从事的领域,以及通过长期平台中累积的用户的认可来给予提供知识的答主以一定的标记认证,常用的如"加V"认证。

二、知识特征

新互联时代的农业知识应该具有如下几个特征。

1. 知识的多维形式

形式上是多维度的,有纯文本的,有图文的,有短视频的,有长视频的,有课件形式的。纯文本的知识如一些知识社区,特别是问答式的社区比较受欢迎,言简意赅地就把一个问题说清楚了;图文的形式常常适合一些对病虫害的诊断,可以直观地了解是什么虫、什么病,该如何防治;短视频常常是一些知识片段,通过现场的方式一下子就把一个问题身临其境地解释清楚;而现在有很多的专家采用镜头前讲述的形式,由于有着极强的表现力,也常常博得用户的喜欢。

2. 知识的通俗易懂

通俗易懂是另一个重要特征。服务型的知识往往面向的是高精尖科研之外的普通人群,比如生产者,比如流通电商群体,比如对农业感兴趣和对农产品安全关心的普通消费人群，通俗易懂的知识表述可以让他们接受和消化知识。

3. 知识的交互理解

前面说到要对知识进行重新定义，这其中一个角度就是交互理解。道理越辩越明就是这个意思。知识不只是定义，把一个现象从各个角度，不同人群之间讨论、争论过后，就会对这个问题有更好的理解，这就叫交互理解。

4. 知识的预见决策

我们能提供什么样的服务？对于产业的发展，除了要提供实用、及时、科学的技术性信息供给外，还应提供该类产品、技术或生态的舆情信息，让我们知己知彼，了解外面的情况，了解市场的需求，客户的需求，以及客观面对社会和市场上一些批评的声音，包括很不和谐的声音，在涉及技术或产品上，我们还需要追踪前沿。有了这些信息，我们才能更好地去指导下一步，这就是知识的预见决策性。

5. 知识的价值付费

知识是有价值的，以往在对待农业知识上，大多采用公益性的做法，很少有付费的意识，但随着农业托管等产业生态的出现，线下付费成了习惯，而线上付费也在慢慢培养。新互联网时代，需要有这样的意识，要尊重知识，尊重别人的劳动成果，有多少人能够白白地给你提供服务呢？

三、知识需求

就农业而言，由于每个人所处的背景不同，需求知识的目的不同，这就造就我们需求知识的特征完全不同。

1. 需求的单一性

从个人角度上来说，大部分人群知识的需求是单一的，这也是为什么早期搜索引擎被普遍应用的原因。自家种的番茄叶子发黄，提问者急于想知道怎么样解决，这个时候他们就不会去关心番茄种植的整套技术。而平台中，也常常是一问一答的形式，直击要害，以最简单的方式分享答案。这是一种按需获取知识的模式。

2. 需求的共同性

同样一个问题，有很多人遇到，或者是同一时期，很多人都想提出这个问题，这就是需求的共同性了，需求的共同性发生是很频繁的。提问方可能在平台中提问的时候，发现别人提问过类似的问题，那我们跳过提问这个环节，直接去看答案就可以了。当然也可能是因为别人也关心这个问题，曾经有过搜索，平台的大数据获知到了这一点，然后在不同的时间不同的平台推送类似的问题与答案，这就是平台对共同性问题的解决方案。

3. 需求的急迫性

对于直接从事农业生产经营的人来说，很多时候知识需求其急迫性，我们说误了农时，错过节点，再好的方法都是白费。比如解决生产中的病虫害问题，解决养殖动物的急性病问题。这和普通社会人群因为家里的绿植不开花寻求答案不同，后者不用太着急，甚至也有点无关紧要。但总体来说，平台对农业类的急问并没有急答的机制措施。在人类医疗中，目前有很多实时付费的咨询医院平台，但农业似乎没有，运气好的话，可能在问题提出后，很快会有答案，但一般情况下可能要等的时间会长一些。

4. 需求的个性化

知识需求的个性化一方面体现在知识需求者本身，不同的背景和经验状态下，对同一知识的理解能力和理解程度会发生偏差，有些一说就懂，有些说半天还是一知半解。另一方面在于农业生产造就的知识复杂性，同工业品手机和汽车等不同，每个产品下面可以梳理出可见的若干条知识答案，但农业很难，很多的问题可能谁都没碰到过，需要遇事再进行针对性分析，有些还需要边试边看。这就需要求知者要有耐心，要能理解，以免给提供答案的专家或其他同行造成不必要的误解。

5. 需求的交互性

很多时候问题的提出或答案的得出，是在知识分享与交互中得到了新的启发，这也产生了知识需求的交互性。我们可能在这个过程中一下子明白了我们到底想要得到什么样的答案，同时也可能是因为别人的问题一下子激发了我们新的知识需求。

6. 需求的整体性

在农业中，"头痛医头，脚痛医脚"是一个不好的习惯。农业生产中采取的很多措施需要相互配合实施，需要有整体的思维。比如说，要生产绿色有机产品，是不是去购买一些有机肥和生物农药就可以了呢，显然不是，需要从全流程、全产业链、整个产地的生态环境改善等整体角度去实施计划，这就需要整体性方案，这就是知识需求的整体性。这也是虽然社交媒体、知识社区如此发达，但很多规模化生产主体仍然要依赖专业的社会化服务团队来整体性地提供线下的全年全季的生产经营知识服务。同样，基层政府也非常需要整体性的知识服务，比如生态农业，从国家角度上来说，有这样几个定位，一是清洁的投入品，二是农业废弃物的利用，三是减肥控药，四是农村厕所改造，五是土壤修复，这就需要专家团队为地方政府整体性地去设计和把关这些内容，因为这些内容对一个县域区域来说，是层层相连、环环相扣的，需要整体去推进。

四、知识发现

很多人有知识需求的动力，却没有知识发现的能力。

1. 知识的容易发现

智能的信息终端已经成为查找和发现信息的重要途径，利用手机去查找需要的农业技术和市场，以及一些致富经验等的信息内容变得越来越简单了。一个简单的搜索就会出来大量的信息供选择，而不管是百度、知乎、今日头条、百度贴吧等一系列大平台，都有着大量的农业生产经营类的知识信息。同样不管是政府层面，还是科研机构，以及一些农资企业，甚至电信企业、互联网公司等也开发了大量的农业专用类App，这是一个充满着网络农业知识的年代，从这一点来说，农业知识是很容易去发现的。

2. 知识的难以发现

有了这么多的途径，以及这么丰富的互联网数据信息，从事农业生产经营的社会群体，特别是新入农业行业群体，是不是很方便就能获得所要的信息呢？显然这个答案又是否定的。这主要在于站在什么角度去看这个问题，科研工作者，特别是从事农业信息服务研究的群体，当然会精于如何去搜索，用什么样的关键词进行组合，在什么平台上进行搜索，对搜索到的结果进行分析和辨别，以及顺藤摸瓜，进一步往下搜索与查找，从而找到想要的信息内容。即使这样，大家很多时候也很迷茫，拿不定主意，确定不了哪个是真哪个是假，哪个有用哪个没用。更何况对农业缺乏了解的群体了。另外，在互联网中，并不是谁的技术更先进，就更容易被找到，一些商业性的操作，比如偏向于广告性的内容传播得更为广泛，这种密集轰炸常常将一些真的道理，实用的技术，实践得出来的案例等有用的信息给堆盖起来，不容易被发现。另外，一些别有用心的谣言反而比正确的观点更容易传播，这也是主要障碍之一。

3. 知识如何去发现

获取一些权威的知识很多时候是很难的，主要在于没有找到方法和窍门。一是要善于使用官网，即使在社交媒体上，政府和隶属于国家的科研机构在对待官方网站上的信息时，是非常严谨的，我们很多人关注国家出台什么政策、科研单位出了哪些新品种，官网是最好的选择，在科研单位的官网中，一般都会对专家进行介绍，上面还会有联系方式，这些都是权威的信息，但遗憾的是，一般官网的访问量都不高，很多人还是习惯于在百度上进行盲目的查找。二是要找到人，显然官网是找人的一个重要途径，在官网上被报道多的专家，一般情况下都是有能力的专家，如何去和他取得合作，就看你顺藤摸瓜的本事了，官网里找到的人，你可以对应地去社交媒体中找找他，比如微博、微信公众号、知乎号等。社交媒体中也有很多有能力的专家，而越是有能力的人，因为文章发表得多，知识被接受的程度高，他们常常会脱颖而出，也更容易被发现。不管是官网，还是你找到的对路的人，要学会收藏，不要过目即忘，这样你下次需要的时候，就可以很快找到他们，当然平时也可以在社交平台上多和他们互动，拉近关系。

五、知识表现

对于有农业知识的科研人员、基层技术人员、农业管理人员、实践经验丰富的生产经营从业人员、经营领域有思想的业界精英等，如何去表现我们的知识，从而为农业知识服务的信息池注入精准、聚集、实用、持续的信息内容呢？

1. 自我表现

显然，现在有太多的手段来进行自我表现。比如在知乎平台、百度百家号、微信公众号、微博、今日头条号，以及像快手、抖音、小红书、B站等一系列的社交平台上，充分发挥我们的表现能力，把更多的知识鸡汤、现场展示、生动案例原原本本地展现给农业生产经营从业人员，并与他们进行交流沟通，接受他们的咨询，帮助他们解决生产经营中的问题。其实很多的农业科研人员和技术人员，都很有表现的潜力，他们有时只缺一个开始，一旦动力充足，时机成熟，他们立即就能表现。当然，知识表现和做科研不一样，科研是自己团队自己圈子在做，而知识服务的表现，则是要更多考虑到接收者的接受能力，更为挑战的是自己的表达能力和勇气。

2. 帮助表现

这几年社交媒体的兴起，影响了我们所有的人，激发了一大部分人的创新创造，一些网络意识比较强的人率先占领高地，熟练地运用社交平台来传播知识。但还有很大一部分人，仍然在这个局之外，有些只是做个看客，看个热闹，有些觉得好像做这些不伦不类，因而没有重视，有些心有所想但不敢尝试，有些没有意识到自己的价值，没有想过在社交平台上去表现自己。当然还有一部分站在局外，他们拥有知识和技能，但他们常常远离社交平台，特别是一些年龄偏大的人。我们很多年前在探索平民化的微视频里，总感觉拍摄的效果很差，比如国内一些比较大的知识服务平台，把任务布置给农民，然后分享自己的生产技术，结果汇上来的东西质量很差，要么不会表达，要么视频抖动得厉害，根本看不清，该聚集的不聚集，该说明的不说明。究其原因，其实那会儿是拿着传统的农业视频在学，然后又学不像。但现在我们来看抖音、快手、西瓜、小红书上的视频，很少有这些问题。问题出在哪里，手机质量提高，人的拍摄技术，心态放松等是很重要因素，还有一个就是借助了第三方的服务，这就是帮助表现。高手在民间，有很多有真才实学的专家，虽然学富五车，但自己不会表达，或者说表达中没有亲和力，不习惯使用社交化的平台，表达的角度不太适合受众的接受习惯，这样的情况下，就需要有人帮着他们去表现。

六、表现原则

如何去表现，是一项技巧，在此提出以下原则性建议。

1. 尽量选择大平台

要选择公众熟知的综合性知名平台，比如微博、微信公众号、知乎、贴吧、抖音、快手、B站、小红书等。前面讲的社交扁平化就是这样的道理，小众化的平台，你做得再专业，表现得再特别也很难去吸引用户关注，因为他们本身很难去发现你。一个简单的道理，他们在关注农业问题的时候，同样也会关注婚恋爱情、听书说道、社会趣闻、影视搞笑等的内容。同一个平台，省去了他们更多的下载、安装和切换。大家在一些社会化比较强的媒体上共同去表现和发现，大家都在大众化的几个平台里，遇见的机会就多了。包括一些基层的农技人员，退休的专家等，他们只要有意愿，都可以在上面发挥作用，有表现就有发现，这样就简单地实现了对接。

2. 千遍的教条不如一个实践的案例

在短视频里，除非一些感染力极强的人会去讲道理，但更多的是故事呈现的形式，在农业领域，也是同样的道理，用实践的案例去展现知识，就比教条的科学讲授要好。比如一个经验丰富的农业技术人员，把他是如何种西瓜的，他种的西瓜长得咋样，不断地发布在网上，大家就会特别感兴趣，在这中间再夹杂一些交流和互动，真实感就更强。

3. 学会能说会道让自己快乐，让别人更快乐

每个爱表现的网红，其内心深处一定是快乐的，因为他在快乐的同时，也带给别人快乐。农业专家在做知识表现的时候，也应该做到这一点，这不是任务式的，而是一种快乐的分享，是发自内心的。如何表现一方面是真才实学，另一方面也是技巧是悟性，带着故事，带着主人公，带着场景，带着感情去表现知识，大家都会很快乐。

4. 用真才实学和踏实勤恳去赢得流量和认可

服务于知识需求的社交表现不是满足于一时"露个脸""出个名"的高光时刻，而应该是长期的、耐心的、有效的服务，这就需要我们具备真实才学，"半瓶子水"的知识肯定晃荡不了多长时间，而浮躁的服务也让我们难以获得用户的长期青睐。

5. 用热点更新带来持续知识普及

在分享农业知识时，要学会用碎片化的知识热点去带动关注，并时刻检验需求的对接程度，要紧扣热点。比如谈谈最近的气象灾害，最近农产品的市场变化，而不能自顾自地系统组织自己的知识堡垒。在互联网社会里，一旦原先的观众跑掉，就很难追回来，你需要有热点和亮点不断地吸引他们。当然也不是说采集建设资源不重要，有一些领域和行业需要用心去做好资源。我们常说，内容为王，这个内容不是一下子就有的，是需要积累的。应该确定一些热点与市场需求大的方向，然后开展采集与发布，边采集边发布，获得市场与用户反馈，不要等成了大的体系了再发布。应该参考"天天学农"以及今日头条等思路，要用热点带来市场，让创作者更有激情，或者有挫折感，经受市场与用户检验，不断去完善提高，内容与方式在这个过程中进行自我调整，对于创作者，要有同步的市场收益来刺激跟进。

七、别走弯路

有很多的平台，不管是政府的，还是科研单位的，以及一些互联网公

司的，都在尝试做知识服务，但基于前面的知识理解，我想做一些提醒，以免大家走一些弯路。当然这些弯路也与第一章所讲的社交媒体有关，如果认识不到社交媒体时代这个社会发生的变革，尤其是机制上的变革，比如扁平化，就很难不走这些弯路。

1. 搞一个农业体系内的 App 来进行知识服务

开发 App 曾经是一个比较热门和时髦的东西，拥有个性化的阶段，自己的用户，自己运行的体系，更有甚者，自己的支付系统。但每个人精力有限，手机空间有限，太多的 App 横向比较，都是同样重要，但我们生活中又面临着越来越多大众化的 App 应用，出行、导航、外卖、购物、交流、短视频、支付、订火车票、飞机订座、交违章罚款、防疫等，几乎数不过来。这样算来，农业知识服务的 App 就得靠边站了。因此，在这个时代，搞一个农业体系内的 App 来进行知识服务显然是不可行的，一个社会上领域包容性很强的互联网 App，可以轻松地将农业知识服务涵盖其中，让涉农人群的边界不要搞得那么清，谁都不知道，一个做房地产生意的老总其实也一直默默关心着农业产业，这就是大平台的必要性。大平台可以给予农业政府和科研单位给不了的东西，比如说流量，比如说视频收益，比如说极高的社会影响力。

2. 高一级科研单位的专家更能回答好农业生产问题

新互联网时代最大的特征就是网络上人人平等，到了农业知识服务领域也是一样，不管你是什么单位工作的专家，也不管你在从事什么领域的科研与应用实践工作，在知识服务中，人人平等，可能很多时候在知识应用上，位子高，但能力不一定能匹配。通常的做法是把基层回答不了的问题再转到更高一级的专家来解决，实行层层传递。以前总觉得层级越高越厉害，其实事实也许并不是这个样子的。

3. 通过一个专家系统来自助完成某品类农产品产业的知识服务

专家系统的思维这些年已经逐步被农业信息服务行业所摒弃了，但很多新入行者，有时还在想当然地提这个思路。由于农业的复杂性，如果通过一套系统去实现，那这个系统就会越来越复杂，这就违背了知识服务本身的特性，即简单和通俗易懂，把一个简单的事情，用一种很复杂的方法去解决，那是一种倒退。当然当前这种碎片化的知识服务形式有些弊端，但我们不能用另一个错误去代替现有的不足。

4. 没有利益的情况下要求专家用心主动去进行知识服务

市场经济与互联网社会，很多专家也需要谋生，专家的智慧与知识需要以"买单"的形式兑现。但社会中很多人意识不到这点，觉得专家也只是动动嘴皮子，没有付费的意识，这也常常导致专家和生产经营者之间不能实现很好地对接。

5. 通过行政干预手段来组织农业专家集体参与网上知识服务

现在有很多通过行政的手段来组织专家网上答疑的做法。坦白来说，效果并不会太好。如中国农技推广App，江苏的农技耘等这些官方的平台。如果把知识服务变成一种任务式的工作，那这个事一定做不好，任务就有考核机制，专家也不是什么时候都有空，也不是什么时候都能把问题答上来，这就很容易导致为了考核而去象征性地完成任务。而随之可见的，在平台上，各种答非所问、随便充数的现象比比皆是。

6. 用知识百科全书的思维来为农业知识服务

有很多人仍停留在教科书式的思维中，觉得只要把所有的知识点汇编成册，变成字典或百科全书一样的知识点，就能够很好地服务于农业生产经营需求。显然，这是一种非常机械式的思维，其一，工程过于复杂，我们需要太久太久甚至看不到边的时间去完成；其二，很多问题不同专家有不同看法，甚至有些问题并无定论，何以采信；其三，当前知识服务都是即时传播，全民传播，我们编印的材料如何做到全社会广而告之，能有多少体系外的人接触到；其四，知识有其交互性，理越辩越明，百科全书式的知识如何获取用户的反馈并在这过程中进一步提炼升华。现在的知识服务是快消费，你铺一个网，打好架构，然后填内容，等完成了，需要很长时间，这个时间没有社会的检验，没有交互，信息就容易过期，不一定是内容过期，更重要的是形式过期。比如一些出版社积累了大量的光盘，但历史性的光盘像素偏低，用户不愿意去看这些模糊的东西，第一眼不能对眼，后面就成了弃物。我们对于农业人的知识服务，更重要的不是给予他们知识，而是点亮他们，启发他们。

7. 不是所有的农业专家都有服务于农业生产经营的能力

在一些大学、科研院所、农业职业学校等单位，专家所研究的领域五花八门，有很多是非应用的基础学科，我们不能要求他们参与广谱性的知识服务，有也只是专业领域的科普服务。专家的能力也是参差不齐，有一些人是基本的业务人员，而一些人有很强的生产实践经验。把这些有经验的人找出来并不容易，但信息技术和互联网给了这样的机会。在互联网前，任何人都是平等的，没有组织的筛选，没有各类资格考试，有的只是与技术需求用户的真刀真枪的对接服务，这个时候，专家的能力强弱就一目了然了。

第三节　知识付费

知识付费是很多从事农业信息服务工作的同行经常考虑的问题，我也多次和他们一起探讨过。新互联网时代的农业知识付费是比较难的，很多的实践都验证了失败，但这并不说明没有成功的机会，在此很有必要认真梳理一下，以期为后面的突破打下基础。

一、传统的农业知识付费及演变

说到农业领域的知识付费，其实这种形式早就存在，只不过这些形式都相对传统，到后来，不少平台也在探索新的知识付费，有些平台甚至换一个思路在实践知识付费。

1. 传统知识出版物

传统的出版物是知识付费的典型代表。以往精心绘制的图片、制作的光盘，都是以价值的形式进行出售，发展到后来的电子出版物，同样也是以有偿的形式进行售卖，这基本上是农业知识付费的较早形态。

2. 专家的成果与课程讲授

农业科研成果常常会变成有形的产品，比如种子、肥料农药等生产资料、农业机械装置、一些生产配方等，这些也是传统的知识付费产品形态。农业专家经常被邀请参与的各种有偿培训、讲座，也是一种知识付费的形态。如果我们一些经常做讲座的专家，把这种线下的形式，有意识地搬到线上，你也有慢慢地获得线上知识服务乃至变成知识付费的极大可能。

3. 农技服务的技术托管

在农业社会化服务中，技术托管是以农业技术人才为商品介质进行付费服务的，因而农业技术人才头脑中的经验也成为知识付费早期的形态。有很多的平台想把这种线下的形式搬到线上来，但大多没能成功。我早年参与过北京一个企业的平台尝试，通过技术人才分享自己服务基地的生产视频从而形成更多客户资源的付费服务，但由于平台推广不开而未能成型。现在来看，在一些行业垄断性平台中，碎片化的知识分享更易获得用户的青睐，而自建的平台由于缺少大量的运维支持而很难维持下去，这个不是理念问题，而是现实的社会资本问题。

4. 农业文献与方案的网上付费

知识付费的另一种比较成熟的商业形式是中国知网和百度文库，学者的文章、论文由中国知网这样的平台进行收录，然后各个科研教学机构再从中国知网进行付费的购买服务，并把服务提供给所在单位的员工，也有一部分人群自己付费购买，虽然最近这件事情有不少的纠纷，但这确实是一种比较成熟的商业性的知识服务付费形式。同样的还有百度文库，当然还有其他的知识付费社区，把一些格式、文稿、课件等收集起来，让需要者进行付费购买。由于知识规模庞大，而且需求者众多，这种知识付费的模式商业性相对稳定。

5. "天天学农"的有价视频

付费视频是"天天学农"实践的一种知识付费模式，通过组织一批专家，在前期题材剧本编辑的基础上，借助专业的团队，让聘用的专家在田间地头或办公室以直述的方式对农业生产中的知识点进行讲述。形成的短视频在平台进行播放时，采用较低价格的付费形式，从量上去获取整体的收益。这样的商业模式在当时那个时代背景下，有其创新性。但在抖音、快手等短视频疯狂冲击的年代，很容易被大平台以免费的形式所冲击，最终小资本很难战胜大资本。

6. 社交平台的流量和收益

大平台由于知名度高，在采取内容革新和领域扩充里，很容易战胜小平台，在农业知识视频领域同样如此。诸如农科院这样的单位有一些团队，花大力气打造的小视频平台，签约了很多的专家，但随着专家技能的提高，模式的成熟，他们很快被转移到今日头条这样的社会化大平台，在大平台中，专家们能获得更高的收益和知名度，从某种程度上来说，小的平台为大平台做了探索，成为嫁衣。在搜索引擎界，我们曾和百度有过合作，组织地方的农业专家进行答题，由百度给予专家一定的报酬，但由于过度组织化，最后导致失败。显然，这里面有很多的机制、规律大家都在摸索。

二、知识付费的特征

什么样的农业知识具备付费的特征呢，这也是从事知识服务的各个企事业单位苦苦思索的东西，在此，我们做一些简单分析。

1. 知识要有被需求的价值

需求产生市场，所以用于服务并能够得到付费的知识一定是基于真实而迫切的需求出发的，不是凭空想象而进行设计制作的。农民需要的不是将信息塞给他，而是要问题的解决，这就是最大的需求。有一天我朋友圈里的一个年轻朋友报了一个绘画课程，讲花了多少钱，于是我就很好奇，问她是什么动力要报这样的班，她回答说是兴趣。为了兴趣，就值得花钱，这在我这个"70后"脑海中无法理解，但对于一个"90后"，就是这样。所以说，正在做大事的社会人，尤其是农业人，不少人的思路还是十分闭塞，要跟得上年轻人的思想和社交方式。知识的需求是一个很有意思的话题。2019年年末罗永浩跨年演讲中有一个有趣的例子，嘉兴图书馆每年要办5000多场活动，比如针对老年人，他们首先想到的不是去办一些老年人独享的养生、艺术等，而是培训他们用手机，发视频，购物，做直播。意想不到吧，但细想，又都在情理之中，老年人往往感兴趣的，不是标注老年字样的活动，而是更有社会参与感的活动，忘记他们的不年轻，和社会中的大多数人在一起，这是他们内心的真实想法。在农业知识服务领域，我们也要有这样的思维。

2. 知识要有能被重复售出的价值

既然要让知识实现价值，这个知识就不能是小众需求的知识，而应是大众需求的知识，只有这样，知识才有被重复出售的价值。比如一个视频，如果只有小部分人感兴趣，牵涉到他们需求的知识领域，这个视频的收益就很难实现，成本都收不回来。但如果一个视频是众口皆宜的产品，就能获得大量的点击量,积少成多,其价值很快就能体现。农业类的知识视频相对来说受众者少,常常会吃这个亏。但搞笑类的视频大众皆宜,很容易获得极高的点击量。天然的鸿沟难以破除,但给予我们的启示是,我们应该尽量把视频搞得通俗易懂,大众皆宜,强调其中的知识科普性和趣味性,同时深入挖掘一些大众化的视频,比如涉及食品安全、营养健康、休闲娱乐、精神体验等。

3. 知识是不断升级更新的智慧

一个让人愿意付费的知识一定是有智慧含于其中,如果是一个普世可见的知识,比如百度上轻易就能找到,那它不是一个可以付费的知识。而这种智慧,在于知识本身在不同场景不同条件下的升级迭代。举个例子,一个专家来谈农产品电商,这个课件一定不是去讲电商的概念,它一定包括了专家自己的体会甚至亲身实践,我们听的时候,感觉那个人就是自己,有跃跃欲试的冲动,从而就有了付费的冲动,觉得这钱花得值。如果是让人感觉受骗了的知识付费,一定不能实现长久的知识服务付费运作。

三、农业知识服务的特殊性

农业知识服务有其特殊性,而在知识付费的道路上也会更难,这种特殊性决定了我们需要深入地挖掘需求,而不是常规的直线思维。

1. 大多属于经验性产品

农业知识付费服务难,一方面在于知识产生难,因为它更多是一个经验性产品,没有特定的模式可以复制,需要花大量的精力和成本去完成,从成本起点上来说就比较高。比如对某一品种应用的知识,需要多个生长季的经验总结,这需要时间,如何总结,这需要技巧,太深奥了别人听不懂,太简单了,达不到学会的效果。正是由于难,所以好的产品也少,产出量较低。

2. 付费人群的动力不足

农业的比较效率低,有付费意愿的人少,能付高价的人就更少。而且很多人对农业科研专家的付出没有感觉，想当然地认为专家就是什么都懂的，忽视了农业科学的复杂性。农业专家又大多比较纯朴，在寻找费用的时候又拉不下面子，两者的不合拍，让知识付费就更难实现。

　　3.农业科技服务的公益性

很多时候农业科技服务是公益的，不管是在国内还是国外，大家想当然地认为应该去享受这种公益性免费的服务。这样既要马儿跑又不给马儿喂草的做法，让农业专家们没有动力去做知识服务的事情。正确的理解应该是，知识付费服务是建立在公益服务之上的增值服务，但两者的边界如何去定，是个需要深入研究的话题。

四、农业知识付费的产品

我们很多的同行，把知识想象成农业生产的技术，把知识的形式，想象成技术的传播，这严重限制了农业类知识产品的形态，也就在付费的道路上走不远了。那么知识付费产品都有哪些形态呢？

　　1.知识课程

知识课程是农业知识付费产品的首要形式。这是最直接的产品形式，但这种形式可以有很多种，比如将农业技术、管理经验、政策指导、成功案例等制作成课件或视频类的课程在网络进行传播，现在社交媒体平台上已有很多这样的视频。但要提醒的是，应该把这种视频课件做成用户播放时的一种体验，而不是课堂式的知识灌输，说得形象一点就是感觉是在看电影而不是听老师讲课。另一种形式就是科普，比如针对少年儿童的科普，就需要有趣味性，不管是图书还是视频讲座，要吸引人，要通俗易懂，要有感染力，而不是把专业讲得深奥又难懂，农业科研人要有融入社会大众共乐乐的智慧细胞。这样的作品课件不管是在互联网还是在一个个农业体验式的农场和教育实训基地，都非常有付费的市场。既为社会化的付费课件，我们一定要增加农业的趣味性和体验感。比如一个农业文化旅游的地方，通过视频介绍，告诉大家如何才能玩得好；对于美食保健类的农产品，怎么吃会更健康；对于农业科普类的话题，讲讲如何应用到生活中；对于农产品电商，讲讲如何挣到钱。

2. 题材创作

说到题材创作，必然想到李子柒，其实农业中有很多的大众题材，从美食到休闲体验，从养花到农业趣味知识普及，有经验的农业科研人，要学会花时间把自己的知识变成知识产品，把技能变成知识产品，懂得去分享。比如一个做豆腐的好手，在网上用视频或直播分享做豆腐的过程和技巧，就是一种很好的题材创作，有人喜欢就有流量，有了流量就有收益。现在的农业直播人也越来越多了，通过与观众的互动来普及农业知识，我们需要这样的人来传递农业的正能量。

3. 在线咨询

总的来说，农业的在线咨询不太有市场，主要是大家的付费意愿不强。但如果这种咨询和电商结合在一起，可能就有突破。一些科研单位正在摸索，但在运营上没有优势，需要和企业进行结合，目前尚未看到好的结合点和案例，但这也算是一个重要的方向。

4. 数据资源

数据的价值在新互联网时代越来越得到体现。拥有数据就拥有了价值交换的条件，科研人员拥有大量的科研数据，比如病虫害的图片数据，就可以吸引研究病虫害智能图像识别的人来付费购买。比如一些行业内出色的农产品电商经营者的电商数据，可以作为行业分析的重要产业发展数据来源实现有价交换。

5. 决策服务

决策服务主要是指咨询报告之类的文档，目前对于企业和政府来说，购买的意愿很高，方案、规划、设计、宣传文档是长期智慧的结晶，这样的服务为产业的宏观决策提供重要指引，也将在未来成为知识服务产品付费的主流。

6. 人才共享

人才同样能成为知识付费的产品。优秀的农技人员是一种稀缺资源，不管其来自农业管理部门还是企业、高校和科研院所，他们的潜力应该得到激发，以服务于更多的领域和更多的人。或许有一天，这些人才也被加入了共享机制，可以用自己的知识，同时服务于很多个生产经营主体，最大化地实现自己的价值。而这种人的共享和随时可变更的技术托管服务，也让生产经营主体有了更多的主动选择权。这有点像搞装修的，生产经营主体可以根据需要，订制自己的服务，而谁来服务就由平台来指派了，我们只享受其中的技术服务，而不用纠结和听命于具体参与服务的人。

五、构建农业知识服务付费的良好生态

如何构建农业知识服务付费的良好生态，这是一个重要的命题，值得大家一起探讨。

1. 既要重科研业绩也要重产业服务能力

传统的科研人员把科研业绩看得很重，认为这是考核他们工作包括职称评定的重要标准，而忽视或轻视了服务产业的能力。这也是为什么科研与推广存在着"两张皮"的问题，科研成果得不到推广。但在事业单位改革和成果转化收入改革的今天，谁能够更快地获得服务产业的能力，谁就能在未来站稳脚跟，这就要求我们科研人员，既要看重科研业绩，更要看重自己服务产业的能力。在这个过程中，正如国家号召的，科研人员要学会主动与企业结合，让知识实现价值，与社交媒体企业合作，增加自己的知识表现力。

2. 把服务于科研基地的能力转化为服务于产业的能力

科研人员在以往的服务过程中，只服务于基地单一的对象，单一的需求，很多还是设计好的需求。这其实是与产业脱节的，我们应该扩大自己的服务范围，去适应不同用户对象对知识的要求，我们具备这样的潜力，但要学会转变。

3. 让更多的人学会用社交媒体的手段去服务农业产业

总体来说，农业专家和技术人员在社交媒体中并不活跃，或者说群体数量太少，但市场需求量很大，社会期待着更多学有所成的专业人才能够在社交媒体上表现自己的学识和成果，从而让农业更有创新创造性，支

撑我国农业的高质量发展。这就要我们的农业人学会玩社交媒体,学会用短视频、用直播等去传授知识,要学会把以往专业深奥的知识转化为浅显易懂的商品化课件。但事实情况是,我们一些能力强的农业技术人员或专家,在利用社交媒体去服务生产并获得市场时,比如说先在社交媒体上露露脸,露一手,他们常常表现得太老实,讲得稍显无趣,从而吸引不了流量,这就需要有人帮助他们,引导他们。当然这也不一定都以直播的形式,比如有经验的农技人员,如果他们能够在"知乎"上努力、科学地答题,也一定很快能成为大家欢迎的人。农业人要勇于展现自己,学会展现自己,让别人发现你的价值,再到后面实现你的价值。

4. 弘扬真才实学、踏实肯干的农业人才线上正能量

社交媒体需要弘扬正能量,而农业知识服务中的正能量可以更好地引导农业知识服务的付费,尊重知识、尊重人才。平台应该主动给予一些流量,对农技人才和各类农业专家进行正能量的宣传。以往我们体系内的宣传做得较多,但借助自媒体平台的宣传做得很少,这一方面需要我们政府和科研教育单位提供更多的素材,另一方面也需要互联网企业给予更多的流量和支持。

5. 把个人英雄主义变成团队全产业链式服务

农业的对外知识服务,在很多时候是需要团队对外的服务,需要的是全产业链的服务,仅凭个人英雄主义很难服务好,更难获得付费的效益,我们应该团队作战,这种团队应包括整个产业链生态上相关的科研和实践者共同参与,从产前、产中到产后,给生产经营和流量主体以及社会消费者提供全方位的服务。

6. 用创新的机制去整合"散落民间"的知识和人才

熟悉基层农技推广的人都知道,长期以来,我们通过一些项目的形式、活动的形式,以及农业专家自我总结的形式,形成一大批以农业生产技术为主体的知识成果,一批批农业技术人才,在退休后逐渐退隐出现代农业发展的视野,这些都是财富。因为工作关系,我们接触到不少县级农业农村局也整合了大量的电子化、文本化的当地实用农业技术资料库,但目前没有一个好的机制来把这些知识和知识人进行很好地利用。我们的科

研单位应该和一些知识服务企业多加结合，多加琢磨，充分发挥这一部分知识领地的潜在价值，服务于更多的农业生产经营主体和这个产业的高质量发展。在技术层面，云端的存储不管是技术还是机制都已经非常成熟，更重要的可能在于市场等机制，比如知识付费等机制来突破。其实知乎这样的知识社区已经在做类似的探索，重要的是如何把一些地方知识人从抖音、快手等吸引到专业的知识社区之中。

第三章

社交电商

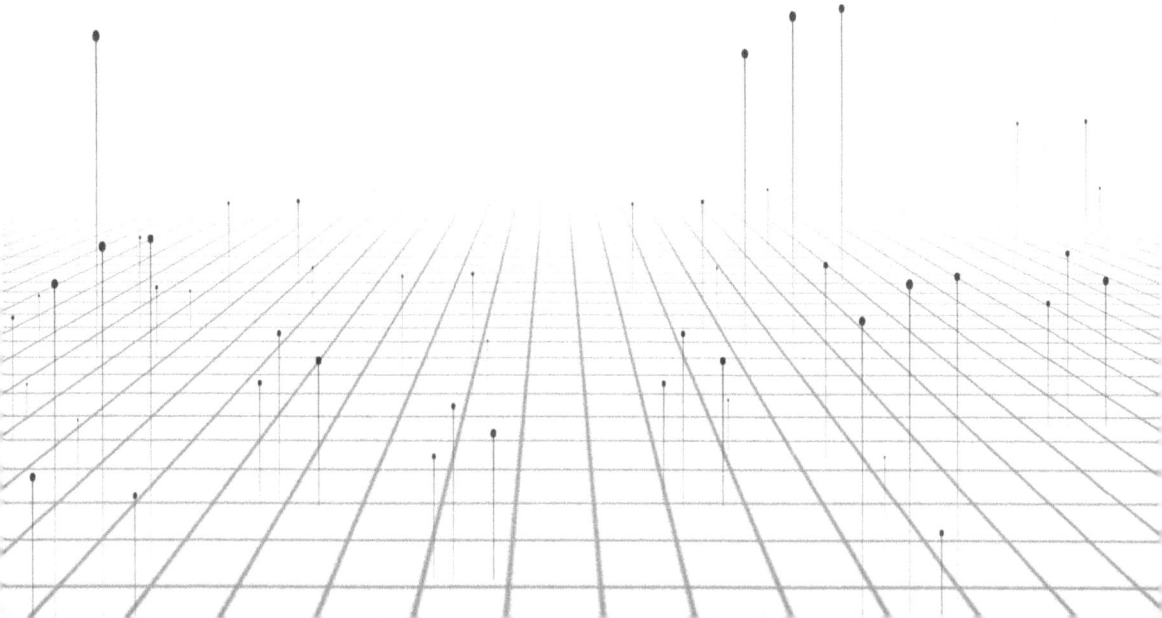

2019年8月8日，国务院办公厅印发《关于促进平台经济规范健康发展的指导意见》，为社交电商行业的健康发展指明了方向，围绕"生产力新的组织方式""经济发展新动能"以及"数字经济新范式"3个新要点，对平台经济做出顶层设计，并鼓励发展平台经济新业态，加快培育新的增长点。

同社交媒体一样，电商也是一个几乎深入到我们骨子里的新生态，而近几年社交电商的兴起，让我们很多人更是沉醉其中，也许不经意间，你也成了一个社交电商达人。这一些，从消费者来说，是我们越来越追求美好生活，对农产品的需求越来越精细化、情感化和视觉化了；从生产与市场来说，随着品种改良、科技进步、物流发达，农产品数量和种类越来越多，迫切需要打开新的缺口并以多元的形式进行销售。

第一节 电商之道

新的电商形式的产生缘于新互联网生态下社会生产经营与活动方式的变革，其也在变革中寻求更好地生存。不同于传统电商的是，社交电商以难以想象的速度，形成了多元的电商生态，出现了一批新的电商方式，涌现了一群新的电商人，并突破传统农产品电商的领地开辟了新的领域生态。

一、农产品电商的前世今生

农产品电商走过了一段曲折的路走到今天的繁荣，回忆过去，有益于今后理性有序发展，我们可以思考我们的初衷是否改变？我们当初面临的问题是不是真正得到解决？我们过去犯过的错有没有可能再犯？我们是否有可能在某些方面还需要走过去的一些老路？

1. 论坛网站时代

电商的发展总是伴随着对外交流交往的蓬勃兴起，即使在互联网的初级时代也是如此，我们在进行社交的时候，农产品的买卖便掺杂其中。在农产品电商刚刚兴起的时候，成为一种时尚，一些种植户、养殖户或小企业往往在一些人气较高的论坛像天涯、水木清华等的专业板块中挂出自己的农产品信息，有些经销商建立了自己的网站，在网上卖化肥、农药等农资，不少合作社自己建网站搞销售，在那个时期，他们是农产品电子商务的典型代表。通过网站发布农产品信息，通过联系电话沟通需求或实现网上直接下订单，线下开展资金交易，从而达成生意。

2. 赶集展板时代

当需要聚集时，平台就应运而生了，很多的农业行业企业、互联网企业甚至科研单位建立了全国性的农产品供求平台，农产品和农业投入品可以在免费或增值服务的条件下申请进入平台进行产品发布，像58同城、赶集网,以及一些专业的农业网站,如中国农产品供求网、中国农业网、猪E网等纷纷形成了很好的市场。在那个时代,农产品展览也是很受欢迎的,某种程度上说,农业的生产经营与消费群体作为平台用户,已迈入扁平化时代。这种网站式的平台,辅之以论坛和当时的QQ群,不仅帮助交易的达成,更加促进了行业内与行业间的信息交换,比如像猪e网这样当时的平台巨头,在国内外形成了重要的话语权和风向标,用户通过长期交流和信息分享,形成了一些意见领袖,影响或指导着产业的发展。

3. 电商店铺时代

虽然淘宝等电商平台起源很早,但对于农产品而言,早期进入者甚少,当然这一方面源于大部分农产品的低价值、运输保鲜难、当时物流不发达等诸多因素,但农业从业者的意识、视野等主观因素也是重要的原因。在其他行业"吃完螃蟹"后,农产品电商店铺也慢慢火热了起来,通过在淘宝、京东等大平台上开设线上店铺,消费者直接购买,通过快递进行运输,逐步由小规模慢慢发展到现在的大普遍。在当前,这仍然是大多数消费者采购农产品的重要方式。

4. 生鲜电商时代

翻阅早期的生鲜农产品的一些研究文章、学术报告和发表论文,我们会不约而同地发现,充斥着不少对农产品生鲜电商发展的负面观点,更多的是在说问题,极少的会去分析机会。当然我们绝大部分人都很难想象到今天的电商发展状态。有分析表明,美国的零售从2000年到2020年,差不多翻了一倍,但是平均每年来看,是3.2%左右的增长,那是一个稳健的增长。而中国同期发展就更快了,同期平均增长率要高很多,达到13.3%。当前,经汇率折算后,中国商品消费水平总体接近甚至高于美国的商品零售水平。具体到电商的发展,中国的电商发展就要迅速得多,占商品零售金额的比重比美国几乎高了一倍。2020年中国电商占比达到了25%。回到农产品电商,当前大部分消费者在进行农产品线上消费或采购时,已经没有初级产品、生鲜产品、精深加工产品的概念了,平台供应一应俱全,物流与配送保障全面到位,我们日常消费最多的水果、会员农场定制的配送蔬菜等十分普遍。很多大型超市，也顺应这一潮流，你可以到店里来买，也可以在手机上下单给你送过去。

5. 直播卖货时代

直播卖货的迅速兴起，严格来说，不能说是开启一个时代，只能说是一种多元新生态的发展模式迅速膨大。其势头实在是太猛，而始于2021年下半年的行业整治，也让一些大家担心的问题正式被纳入法律和社会、经济规范监管的渠道。但直播卖货又是与前面章节里说的社交媒体的迅猛发展，尤其是直播和短视频的汹涌发展分不开的，在很大程度上切合了消费者的心理需求，因此重要的是，如何去健康地引导其规范发展。

二、电商与社交电商

当传统的电商变得更有温度、更有感情和个性化的时候，社交电商就逐步形成了。传统的电商是一种简单的货品价值交换，而社交电商与货品背后的人，不管是生产者、还是流通者，以及消费者有机地连接在了一起。分析当下的社交与电商，其实早已融合在一起，电商里有社交，社交里有电商，而很多的社交本身也成了一种电商。

1. 传统电商里搞社交

传统的电商平台比如京东、淘宝等这些早期崛起的行业超大电商平台，本身也带有一定的社交性质，比如让经营者与消费者通过平台自带的软件进行交流，在商品购买后进行评价与留言互动等，就是一种微社交的形态。而随着直播等社交的汹涌而至，这些平台也纷纷推出了以直播售货为主体的社交电商的新功能，以一种新的形式俘获了更多的消费用户，并让这种黏性的互动发挥到了极致。长期的电商运营，让很多的店主获得了一大批的老客户，基于老客户的用户黏性，很多店主应用了诸如微信群、朋友圈甚至线下社交的方式，进一步提高了与消费用户的互动，开辟了更多的商品交易与日常社交渠道，让这种卖方与买方之间形成了以货品交易为基础但又高于货品价值之上的生活交流，并同时提供非店铺领域的新的商品类型。

2. 社交媒体里搞电商

有交易就会有交流，同样，有交流就会有交易。早期的社交媒体中，比如BBS为代表的社交形式，用户之间已开始进行物物交换或商品买卖，比如常见二手商品的交易，但这种形式更多的是线上交流，线下交易，因为平台本身不具备交易功能。微信的微店出现后，让社交媒体里的电商正式开启。而如今，各种知识社区、搜索引擎、短视频与直播平台，无不新开辟了社交电商的功能。

3. 社交媒体本身也是电商

电商与社交使得传统的商品概念得到了极大拓展，商品不再是农产品的专属，围绕农产品的服务、农业投入品、农业知识讲座、农业人的自秀表演、农业题材创作、农业文化体验等都成了商品。而很多这样的商品以社交媒体的形式呈现。由于可以直接带来以流量为基础的效益，因此，这种社交本身也成了电商。

三、社交电商新生态

以往传统的农产品流通方式常常是这样，比如批发零售方式，农产品从产地流转到集散地，然后再到农贸市场、便民店、超市、餐饮店，最后到消费者的手中。有很多超市由于有相对稳定区域的消费客户群和消费量，他们选择与一些标准化生产农户或合作社签订意向性协议书，由他们向超市直供农产品。但农产品的社交电商催生了复杂及多元的电商生态，这些生态源于不断的创造与挖掘，有些甚至仍在演变之中。

1. 人人做电商

当淘宝等电商平台开辟之后，每个人都获得了低门槛做电商的机会，当然一些早期进入者，由于货源、能力和毅力等因素，做成了自己的电商产业。而社交电商到来之后，又引起和形成了一拨新的高潮和用户生态，电商不再是有货源或有客户者的天下，名气、地位、颜值、知识、勇气、创作等各种因素都可以促使你成为电商达人，从而进一步扩大了电商人的群体生态。目前，据统计，仅淘宝（包括天猫）上的店主有1 000万人左右。一些直播或短视频平台，激发了用户开店的兴趣，只要有点人脉就能卖东西，于是社交电商的店铺用户迅速扩张，更多人投入到了商业价值创造与分享当中。这些几乎无成本的农产品宣传平台，普通人也可以通过人脉与人际宣传达到目的，很多人在这条路上努力着或跃跃欲试，成功属于有心者。

2. 人人"被电商"

我们处在一个人人"被电商"的年代。供激发求，求激发供，在这样的生态里，作为消费者，几乎除了没有智能手机使用能力的老人和儿童，绝大多数人卷入电商之中。在新互联网时代的日常生活中，商品的广告和链接更易接触到消费大众，在吸引了我们的同时，由于支付和运输的便利，越来越多的商品将从电商平台中购买，在城市中，很多人几乎将电商平台作为消费的全部。由于社交媒体的吸引，我们每天花在互联网线上的时间越来越多，任何一个人想不"被电商"都很难。听很多人说，直播时很多东西并不是计划购买的，但看着看着就买了，这是一种激情消费。我们很多时候是被动的消费需求。被动消费需求指的是消费者并没有明确和强烈的消费需求，只是在社会交往过程中受到商品信息的促发而产生了消费需求，比如别人推荐，觉得有意思就买了。从好的方面说，是充分挖掘了消费者的潜能，这对当前倡导国内大循环是非常对路子的。这种人人"被电商"的生态产业，主要是社交电商对蕴含在社区网络中的碎片化商业信息和商品以及服务的知识进行联结、整合和有效利用。

3. "人传人"做电商

任何商业都要讲究一个规模化的效应，而社交电商正是利用了社交的宣传作用，从而形成人传人做电商的生态。每个人都有自己的圈子，当我们的电商服务触及了一个人其实就潜在地触及了一大片。营销者攻下了一个人，就攻入了这个人的圈子，对于好的商品，包括农产品，每个人都愿意去分享这种体验和感受。因此社交电商的本质即让你的客户购买到好的产品并得到好的服务，让他们发自内心地去分享商品和感受。只有将这些客户实体变成了分享者甚至新的经营者，双方之间的这种关系才会更加稳固，可以持续产生消费和利润。

4."人加人"做电商

批发与零售的差别就是，批发可以一下子卖出去很多，量大价优。但在传统电商中，批发一般发生于集体需要或者采购者有自己的稳定下线批量客户、销售供货渠道。而社交电商中，则是另一种生态，我们称之为"人加人"做电商。每个人都希望单价能降一点下来，互联网平台提供了这种议价的机制，我们常说的拼团就是这个意思。发展到现在，拼团这种生态已经有了五花八门的形式，对于初始发起者，甚至可以免费获得商品。最典型的就是拼多多的商业生态。当然之前兴起的农产品众筹也是一个典型的"人加人"的例子。

5.人服务于人做电商

我们常说，要做客户的加法，这其中有一种意思是要通过客户去发展客户，但还有一种意思就是在为客户提供商品的同时，要给予更多更好的服务，让客户的黏性更强。我们看到，不管是社交电商还是传统电商，电商为客户提供了不厌其烦的产品咨询，有很多客户甚至交流咨询了很多次之后才下决心购买。电商为客户主动提供了好的建议，比如对农产品的营养、制作方法、吃法等提供了更多的建议。我们常说，产品卖得好不好，关键要看服务能不能跟得上，这既包括产品本身的问题，还有物流渠道，售后服务等一系列问题。商业行为中，最难的就是商家和消费者之间信任关系的建立，但社交电商通过更好的服务机制解决了这些问题。

6.服务于电商人做电商

正是因为社交电商需要给客户更好的体验和服务，而很多时候商家没有精力也没有能力去提供这种优质的服务，怎么办？一种新的生态就出现了，服务于电商人做电商。这种卖服务也是一种电商，是社交电商里新的生态。传统的农产品电商有的是农产品资源，但随着电商的快速发展，传统的光靠自己的模式在相互竞争中逐渐处于劣势。服务于电商人的电商，有时我们也叫社会化服务，可以进一步完善农产品生产的全产业链服务，为商家提供标准种植与基地产品的稳定供给、产品的溯源、产品的检测、保鲜与冷链、品质的控制、售后的团队支持、产品包装的设计、在新媒体中进行传播等很多很多的服务形式。这里面简单地如帮助你进行网页设计、产品拍摄，基于产品吸引的平面模特服务，复杂的如售后的支持，不仅包括提供客服帮助处理售后，还包括帮你精准地分析哪些是恶意差评客户，哪些是付款确认拖延客户，哪些是不满意就退货高频用户等。还有大数据的服务，帮助你精准地推送产品信息，对潜在市场用户进行行为分析和市场前景与风险分析等。而代工厂则是另一种既有商品又有服务的新生态。成功的电商人掌握了产品的销售渠道，做好了客户的服务，如何去提供自己设计、创意、生产、商标、品牌的商品，这就需要背后的代工厂来支持，电商人不再是简单的货品搬运工，而是靠着自己的创造去延伸并完善了整个产业链，带动了全方位的产业升级。

7. 围绕电商成就地方产业经济圈

当一个地方的农产品电商或社交电商产业发展起来后，围绕着这个地方的特色农产品产品服务和线上服务提供，特别是聚集起来的客户规模和客户影响力效应，可以进一步带动地方关联性产业的发展。比如表现为"农旅结合"+"产业园区"的运营，使得一、二、三产业协同发展，并实现相关的产业配套，使得产业链各个环节参与者能够共同富裕，从而带动区域经济的发展。在电商领域，比较成功的比如安徽省芜湖市的"三只松鼠"、浙江省遂昌县的"中国竹炭博物馆"等产业经济圈生态。

8. 基于产业全景做电商

"互联网+"农业供应链金融的主流模式可总结为"场景—交易—金融"。举一个例子，大北农集团以搭建"猪管网"为切入点，为养殖户提供免费的养猪管理服务，快速聚集养殖户及相关养殖环节中的关键数据。同时大北农以自营农资为依托搭建了"智农商城"，在培养养殖户的线上交易习惯的同时，放大了养殖相关商品和服务的覆盖范围，进而形成"流量效应"，快速积累养殖户和经销商的交易数据，从而形成了对整个产业全链条的占有。在庞大的管理数据和交易数据基础上，大北农能够详细了解平台中养殖户和经销商的资金流通和信用情况。在此背景下，大北农开始通过"自有资金+引入金融机构"双管齐下的方式，为养殖户和经销商提供信贷服务，赚取贷款利息。除此之外，大北农先后启动了基于猪市场的小额贷款、理财交易平台、保险平台和农业股权众筹平台等应用,打造了从"场景"到"交易"再到"金融"的自循环农业供应链模式。类似于这样的行业例子很多,这在某种程度上已经超出了电商本身。

四、社交电商新方式

不同于传统电商的标准化与大批量,农产品的社交电商使得电商形态发生了一系列的变化,比如将农产品从标准化产品到个性化、小而美、具有良好设计感的"非标准化"产品过渡,将冰冷的物理产品形态向自带故事、内容、传播势能的"有温度的产品"过渡,从产品本身到产品服务过渡。

1. 传统大电商平台

作为一种新兴业态,显然,传统的大电商平台是不会落后于这个时代的,它们具有与时俱进的能力。在消费者眼中,淘宝和拼多多是品类齐全的大众化品牌,京东和天猫是值得信赖的大品牌,而其他主流电商平台如小红书等是时尚的、有个性的,这些平台无一例外地开启了社交电商的新时代,在平时上开设和丰富功能,在服务上紧随潮流。它们除了为商家与消费者的交流提供更好的体验外,绝大多数开设了店家直播的功能。

2. 直播电商

直播电商将农产品的线上文字、图片与视频表现变成了商家与消费者面对面的介绍与分享。从信息技术的发展来说,这是由于4G和5G带来的电商生态的改变。在如今的社交电商场景里,通过社交圈子,就能让"朋友"带你逛遍全世界,这是过去的图片电商、文字电商时代所做不到的。在社交领域里,视频直播的方式大大增强了人和人之间的沟通。所以有人说,直播会不会长久,答案是肯定的,因为这是消费体验的一种迭代形式,是不可逆的。从直播主体来说,有个人为自己的产品直播,名人的代言直播,品牌商或企业自己组织的直播,地方官方组织的为当地特色农产品直播等多种形式。

农民的产地直播，现在已经非常流行，而且绝大多数的效果也非常好。对于一些农产品的加工品来说，通过工厂直播可以增加消费者的体验感及对环境卫生的信心。农产品的直播常常和现场体验结合在一起，比如"边参观、边讲解、边玩耍"的模式，可以向网友直播山头抓土鸡、树林里捡土鸡蛋、寻找农家腊肉源头与做法、开蜂箱取原味蜂蜜、品尝农家特色菜等场景，其背后的相关农产品在电商平台同步发售。而客户在网上下单后，即可实现称重、装车的现场观察，直到运至物流园区的打包发货。在平台中，每到某一个农产品的收获季节，就会出现更多的产地直播或仓库直播，既看到场地的风景与农产品采收情况，也可以看到产品初加工和发货情况。

3. 圈子与拼团

由圈子引发的拼团，显然也是社交电商方式的重要体现。简单到通过生产者或商家或者产品消费者的微信朋友圈、微信群以及其他社交媒体平台的信息分享，从而引入更多的消费客户，这其中有简单直白的分享，有带有产品链接广告及购买支付的图片嵌入。与这种以宣传带动为主体的方式不同的是，拼团则是基于开团商家的规则，实现一级一级的产品购买获得折扣或获得转发利润的社交电商形式，这些形式已经非常普遍。

4. 社交媒体平台

社交媒体平台是社交电商发生发展与运作的重要抓手。比如像瀑布流式的社交电商平台界面，如小红书，这是一种从国外传过来的模式，采用图片加兴趣的形式，这种模式在国外的代表为 Pinterest，即 Pin（图钉）+Interest（兴趣），用户可以把自己感兴趣的东西用图钉钉在钉板（PinBoard）上。这种模式的特点是简单、互动性强、视觉冲击力高，容易快速聚集起大量用户。而在运行过程中，由于大数据的推送作用，常常把用户感兴趣的内容放在第一版进行展示。在翻动过程中，新的图片不断自动加载在页面底端，让用户不断发现新的图片，并实现内容的链接。而抖音、快手等实现了视频在线播放的形式，具有一定的展现"攻击性"，以获得用户的快速接受和翻转更新。当然绝大多数平台会为用户提供搜索的功能。

5.社区新零售

社区新零售是基于消费用户的所在位置进行周边商品与便利服务的推送，产品与服务的快速配送。2020年年初，新冠病毒的大流行使得这种社区零售形式发展更快，最突出的是生鲜农产品的供应服务。商家为周边用户提供线上的产品展示与消费购买平台服务，用户下单后，由骑手来进行配送，这一形式发展迅猛，已成为城市生鲜农产品供应的重要形式。比如我们通常称为"到家"的服务，通过到店、到家、到社区的形式进行农产品销售的一种形态，比如叮咚买菜。又比如社区团购，各种团长招募活动在新冠肺炎疫情大流行时期风起云涌，这背后离不开很多农产品传统品牌商跟经销商的"社区合作人战略"。

6.消费扶贫与订单

消费扶贫有一定的时代主题色彩，在脱贫攻坚向乡村振兴有效衔接的较长持续时期里，这种电商方式必将成为稳定发展的多元电商中的一元而存在。这其中有官员和明星代言，基于产地与扶贫消费群体的订单服务，更有一批批扶贫个人和集体在产地分享、民俗民情吸引、到地体验等多种方式的创新摸索。对于这些地区，在保持好农产品优良品质的同时，应做好加工、完善物流等的基础条件，通过培养、挖掘、引入一批有知识、有见识、有专业、有技能、有情怀的新电商人来稳定地带动消费扶贫向着订单农业模式有序有计划地分享发展。而不要因为一时热销就无节制地扩大产业面积，造成后面质量、服务跟不上，以及在竞争中落败，从而发生伤害当地农民和产业的情况。

7.社区支持农业（CSA）

在上述社交电商的大潮中，社区支持农业的电商形态则显得小众很多。社区支持农业（Community Supported Agriculture，CSA）作为一种新型食品供应体系在近年逐步兴起，消费者通过支付预付款，以自身需求为导向，向农场订购合适的农产品，农场则承诺为消费者定期定量提供新鲜安全的农产品，以此构建两者平等互助的交易渠道。信息技术的引进，使得这种交易与信息交流分享可以在线上进行，而社交电商的兴起，使得这种形式让消费者获得线上的诸多服务体验，比如农场的动态变化与实时视频分享等服务，农业科普知识与农耕文化的传播与体验服务等。

五、新社交电商人

虽然每个人都想着成为新社交电商人甚至达人，但每个成功者的背后，都有其重要的背景因素存在。当然，对于新加入者，是一种挑战，但有志者事竟成。

1. 直播网红

在新社交电商人中，直播网红是最亮眼的一批人。他们中有很多平民出身的大网红，比如李子柒。还有很多的明星网红，他们本身自带光环，更易吸引粉丝用户。而近年来一些政府官员为了地方农产品的宣传，也出来做直播网红，但其中能够坚持下来的，只有少数。其实对于一个地方的特色农产品产业发展，需要地方官员拿出定期规划的时间，做持续的直播宣传。有一些农业专家也在逐渐成为网红，作为拿专业、经验和数据说话的第三方机构，专家网红应该在农产品社交电商中发挥重要的作用。

2. 跨领域高资历电商人

电商的发展，培养造就了一批行业的领头羊，他们有着长期的电商经验，更重要的是拥有了一大批忠实的客户群体，自身在多年的电商营销和客户服务中积累了大量宝贵知识和服务技巧。对于农产品社交电商而言，这一批人常常是被忽略的，但他们并没有因为被忽略而没有作为，既然在别的领域有用户和服务经验优势，转行或顺便进入农产品领域也是水到渠成的事，我们称他们为跨领域高资质的电商人，比如从事服装、化妆品、婴儿护理用品等一大批早期淘宝电商人，他们不仅拥有自己的客户资源，还通过长期的同行交流合作与友情凝结，形成了更大规模的用户群体，也就是我们俗称的渠道客户，他们无疑是农产品社交电商新人中的一支强大力量。

3. 拥有传统客户转型农产品电商的企业

网店电商是靠自己的多年努力形成了庞大的客户群体，而一些行业巨头，比如中油、中石化、中化等，甚至原先从事英语等课外教育服务，但由于"双减"等政策不得不转行的一些教育服务商们,由于在其他服务领域拥有大量的客户群体,他们通过转型,也很快成为新的农产品社交电商人。

4. 生活圈子中的"领袖"

除了上述这些"大咖"外,我们平时生活圈子里的一些社交达人、微信群里的意见领袖、校园里的活跃者,凭借自己的影响力,逐步在社交电商领域探索,从团购、拼团、直播等方式做起,逐步成为新的农产品社交电商人。我们生活中有很多的机会,而这些机会常常属于这种勇于尝试者和敢于尝试者,因为他们有着较好的人脉基础。

5. 有能力的后入者

除了上述这些因素外,社交电商对于每个人来说,是一种诱惑,很多人都跃跃欲试,而一些人由于口才出众,表达能力强,对于农产品等营销组织能力也强,久而久之,他们成为强有力的农产品社交电商达人。

六、农产品之外的农业电商

在农业电商中,有两个方面是常常被普通的农产品消费者所忽略的。一个是大宗的农产品电商交易或期货交易,另一个是农产品之外的农业电商业态。从宏观上看,互联网农产品期货交易和农产品大宗交易平台是我国农产品电商的绝对主力,占有的市场份额较大。农产品之外的农业电商形式很多,比如说农资电商、农机服务电商、知识服务电商以及基于农业的娱乐社交电商等。

1. 农资电商

作为重要的农业商品,农资电商同样在快速发展之中,比如京东开设了农资频道,与中国种子集团有限公司、北京京研益农科技发展中心等单位合作,提供种子、农药、化肥、农具等农资产品的电商服务。总的来说,当前我国农资电商主要包括三类:一是第三方交易平台,如以辉丰股份、中保农药等为代表的传统大型农业投入品公司,在多年的农业投入品经营过程中,已建立完备的线下销售和物流体系,通过打造开放式的第三方交易平台，实现自身交易和物流体系的线上化和数据化，并引入市场中零散的农业投入品生产商，产生聚集效应，在提升物流体系运行效率的同时，做大了农业投入品的整体规模；二是寄生类网店，部分农业投入品公司直接在阿里巴巴、京东等成熟的电商平台开设官方旗舰店，节省销售和配送成本，亦通过线上渠道拓展自身品牌的销售边界；三是前面说到的京东等通过合作自营壮大的平台形式。由于农资产品用户的相对小众化、管理的规范化和需求的针对性等因素，目前在社交电商平台中表现较少。

2. 农机服务电商

农机服务电商主要开展的是社会化服务，通过线上进行农机的购买、租赁、下服务订单等形式实现电商交易。由于总体需求的社会辐射较小，因而在社交电商平台中体现也相对较少。

3. 知识服务电商

当前农业的知识服务更多体现在社交媒体中的分享与咨询服务中，直接形成电商形态的影响力不足，更多的是从平台中获得流量而实现提现收益，其中面向普通消费者的通俗易懂的农业或农产品科普知识服务将在未来具有较好的发展前景。

4. 娱乐社交电商

农业产业不只是食品的供应者，更是精神家园和生活方式的体现，从这点上来说，农业的娱乐社交电商前景广阔，比如农业文化旅游与休闲体验、养生养老等新的社交电商业态正在不断探索实践与产业化进程之中。

第二节 电商之难

中国农业经营体系的特点是"小规模""高度分散"。传统的家庭农业生产模式着重于生产阶段，而忽视农业产业链当中的服务业。这使得农业生产成本高、效益低、在市场竞争中农民处于弱势地位。此外，农业面源污染和食品安全问题，往往是由于价值链上的相关群体利益不一致以及缺乏协作造成的。同时，在农业投入和生产的过程中，没有采取对环境和公众健康友好的生产行为、缺少可追溯性，也是造成问题的原因。在新互联网时代，互联网生态已经在整合、转化和提升农业产业链方面表现出极大的优势，而中国的农业和农产品价值链也正在借助着互联网进行着整合、改造和提升，电商是其中关键的一环。本节重点剖析农产品电商中的问题。

一、社交电商意识不强

或许有很多人认为，在当前这个时代，提社交电商意识不强，是不是不太合适。但我们如果放眼农产品全产业链的各个环节和涉及群体，以及考虑到区域的差异性，显然这个问题是成立的。即使对于一些已经进入社交电商领域的农人来说，与其他行业相比，肯定还有很大的提升空间。这里我们重点说说农产品产业链的涉农人群社交电商意识。

1. 基层农业管理部门社交电商意识不强

较多的基层农业管理部门人员没有电商经营经验，一些地方农业管理官员对自家区域的农产品信心满满，没有通过大数据等方式获知外部市场和同行竞争力的意识，在这种情况下，有时会有指挥不当的情况出现。

2. 高层决策者电商理念跟不上时代

农业管理政府体系内的高层决策者包括很多专家，大多是20世纪六七十年代的人，没有经营电商的经历，有的只是偶尔在电商平台上买点东西，势必不能形成很好的指导和决策意见。社交电商作为近年来迅速发展起来的新兴事物，我们不能用传统的思路体系和眼光去看待，在做地方产业发展的决策时，应该多听听年轻人、电商从业人的想法、经验和意见。

3. 生产经营者不能站在电商信息的高地看待问题

现在不少地方把生产经营主体的电商培训当成一项很重要的工作来抓，在一些经济发达地区，生产经营主体参与的积极性很高，这也从侧面说明了生产经营者迫切想提高电商能力。电商本身也是在不断发展之中，比如说有些人认为新开的淘宝店由于信用低，很难与传统垄断经营者去竞争，而社交电商平台的出现使他们发现，只要能力出众，设计巧妙，产品优质，一样可以新军突起。比如一些电商经营者一开始只卖自己的东西，当经营能力和用户规模积累到一定程度时，发现自己的用户不仅需求自己的产品，同样也信赖自己推荐的产品，更有甚至，一些在行业内有一定覆盖面的电商经营者，其经营产生的大量数据还可以变现，如卖给从事产业研究的专家还有一些学士、硕士或博士学生用作研究。电商经营者就像在爬山，当你达到一个平台时，你就可以仰望新的平台并继续努力。

二、农产品本身的因素

作为非标准化的工业品，农产品本身的一些因素同样严重影响着电商的发展，但这种影响不是阻挡，而是需要我们去思路变通、模式创造和技术创新。

1. 农产品的品质受自然因素影响较大

工业化产品大多是标准化的，但对初级农产品而言，绝大多数不是，现在虽然也有一些工厂化生产，一是规模有限，二是本身也并不标准。比如果树，不同年份同一品种的品质不一样，同一棵果树的不同部位的品质不一样，同一棵果树在不同时期摘下的果子质量也不一样。农产品是有生命的，是靠天吃饭的，影响品质的因素常常是不确定的。我们不妨去借鉴一下化妆品等领域的思维，比如一些知名的香水、护肤霜，不同年份、不同批次的成色、气味也会有差异，这主要是由于所用的原料如玫瑰花等在不同产地、不同季节、不同年份会有不同的品质，而产商和销售商也常常会做相应的解释。对于农产品而言，特别是高端农产品或精深加工品也可以尝试在产品包装和销售宣传里借鉴这样的思维和模式。

2. 消费者对农产品品质的需求不一

农产品的极大丰富和社交电商的便利也让消费者有权进行更加多样和自由的选择，他们有些要甜的，有些要无糖的，有些要大的，有些要小的，有些要嫩的，有些要糯的，有些要原始口感的，有些要合成口味的。这对生产者和销售者就提出了挑战，当然一些平台常常把不同的商家聚集到一起，方便消费者的选择和购买，比如美团就实现消费者在平台自由选择，然后由美团统一派员工来派送等方式。

3. 农产品的一些加工特性不符合电商的经营要求

一些消费者会追求传统的工艺和味道，但传统的工艺和味道与当前的一些食品卫生安全标准是不符的，这就使这些特色初加工食品遭遇了生产许可的挑战。淘宝、京东等大型电商平台要求上线销售的初加工食品具备SC标识，不允许非标准初加工食品上网销售，但是申请SC标识，一方面需要投资建设工厂化生产的车间设备，容易产生投资资金困难问题，另一方面传统作坊式的特色工艺将面临被取代风险，产品的原汁原味可能会丧失。

4. 有些类型的初级农产品不能在电商平台中销售

一些中药材开始作为消费者日常消费所用，比如菜用和日常的饮品。但目前各大平台对其有严格的限制，普通经营者不能实现网上的销售，这主要由于当前我们国家的药食同源的产品要求非常严格，期待未来有所变化。

5. 部分农产品的物理性状不适合长距离运输

我们不少地方的一些特色农产品，比如瓜果等品质优良，口味独特，但常常是到那个地方才能享受得到，不能适应长距离运输，虽然当前由于中转仓以及运输包装材料的改良，解决了一些问题，但有不少农产品仍受制约，如果改变其耐运输的品质，则口感和口味又会受影响。

三、电商服务质量不高

总体来说，在农产品电商发展的当下，电商的总体服务质量不高。一方面是由于农产品行业群体整体属于社会弱势群体，受教育程度、对外接触的视野等多方面因素的影响。另一方面也是上述的农产品本身一些特性的问题。服务质量不高具体表现在以下一些方面。

1. 经营者还是那些传统的经营者

农产品电商经营，尤其是生鲜农产品社交电商经营的发展落后于其他品类产品，很多的经营者从传统的生产者或传统线上经营者中产生，经营者只是换了种方式在网上销售，但网上销售相应的方式、理念、产品产业链运维都没能跟上，很多也是边看边学，服务质量提升较慢，一些传统的固有思维短期难以改变。

2. 优质农产品的供求信息不对称

我们常说农产品电子商务要解决四方面问题。一是需求不对称，卖家东西好但积压或贱卖，并非是消费者不想买好东西，而是买不到或不知道；二是供应链太长，卖家利润低，买家价格高；三是缺少计划性，计划性是中国农业产业化很重要的问题，卖家不敢生产或不知道生产什么，生产多少，而买家一般有什么买什么；四是信任关系差。这些都是农产品的供求信息不对称造成的。我们常碰到的问题是，对于生产者，经常是好的农产品出来了，但是卡在了销售这一环节，甚至有些是有机、绿色种植的高品质农产品，由于资金压力，宣传手段、销售手段不到位，渠道不畅，消费者不信赖等诸多的因素，变成大宗批发、亏本处理甚至烂掉、坏掉，最后压力不堪重负而放弃。

3. 安全品质难保障

社交电商拉近了生产者与消费者之间的距离，也让产品从田间地头直接到了消费者手中，让消费者挖掘了更多更好的优质农产品，毕竟其外观品质和口感是不能糊弄的，不好吃消费者下次也不会再买，甚至还会给差评。但安全问题呢？安全问题是不会立即显现的，甚至根本不会显现出来，这就逃避了监管。安全方面的服务是缺失的。

4. 以次充好现象仍较普遍

正如前面说的经营者还是那些传统的经营者，我们在进行社交电商消费时，常常碰到以次充好的现象，比如经常出现的果品上面大下面小，掺杂着卖的问题。这就是典型的服务质量太低的做法。

5. 供求平衡中难以保证产品唯一性

我们在社交平台中看到的很多的所谓自家果园、自家蔬菜，他们是由传统的中间商转变而来，根本不是实实在在的生产者。这样一批人仍然搞着拆东墙补西墙、张冠李戴的搞供应平衡的做法。谁让农产品很难实现和工业品一样的标准化呢？

6. 信息技术应用不当

信息技术让农业插上了翅膀，这是我们经常说的话，但很多时候用得不当，比如在农产品电商中没有充分利用信息技术来展现产地环境，很多是搞一些不切实际的东西。搞什么可视农业、认养农业，通过摄像头下的静态画面，怎么能去吸引顾客，整天看着容易视觉疲劳。还有那种像产品名片式的追溯码，消费者连扫一下的动力都没有。

四、农产品电商竞争激烈

农产品电商中的竞争，我们可以分为良性竞争和恶性竞争，其中良性竞争是不可避免的。中国地大物博，农产品品类丰富，加上农业科技的逐步发展，优质农产品的生态适应性也越来越强，导致在互联网平台中涌现出的农产品不管是质量还是规模日新月异，我们总能发现更为奇特可口的东西，也看着不断刷新的农产品电商销售记录。恶性竞争则是平台间利益的竞争，还有一些无良的操作。随着一些头部网红及全网最低价等面临整改，整体农产品竞争市场会迎来良性发展。

1. 线下的传统垄断

农产品尤其是生鲜农产品，是较晚从线下走到线上的，这就意味着线下农产品销售的体系仍然很庞大。传统的流通商要保住他们的地盘，很多人必然继续着拆东墙补西墙的做法，他们会从固定的客户手中去拿货，一些不太发达省份的生产者为了图省事，往往仍是在田间地头等收购商过来收货。地域偏僻的地方，中间商与货源生产者形成了稳定的货源和客户关系，甚至合同关系，即使他发现了好的东西，也不想去破坏生意上原有的平衡生态。总的来说，与美国等国家相比，我们的订单农业或者说会员农业的份额仍然是比较小的。美国大多为订单农业，大部分农产品采用的是直销形式，在生产计划时就决定了其卖到哪里。但相对而言，我们的订单农业比重较小，大部分是种了之后在市场上竞争销路。这种传统的线下垄断，是农产品社交电商一定时期内的重要竞争之一。

2. 网店的竞价排名

很多电商平台虽然实现了人人可以免费注册开店，但在如此浩大的网店主群体中，消费者发现你的概率是不均等的。一方面在于你自己的努力，如开店早，卖得多，服务好，你的信用等级等比较靠前。另一方面，作为电商平台，为了自己的利益，也会利用手中的权力，进行一些竞价排名，提供一些增值服务，让你的店铺更容易被消费者所看到，这就形成了强大的竞争，让你优质实现不了优价，在平台上难以崭露头角。

3. 品质的参差不齐

同样在电商生态中，存在着"劣币驱逐良币"的问题，尤其是电商竞争越来越激烈的时代，你的东西好，但架不住别人比你的便宜，这也就迫使一些优质农产品被迫降低自己的生产成本，比如有些原本真心做有机农产品的，也开始使用一些高效的杀虫剂，有些讲究产品品质、规格、纯度的卖家，也开始把有等级差异的农产品掺着卖。

4. 直播的行业垄断与全网最低价

为了稳住和不断扩大客户，一些头部直播网红成了产品的定价者，他们全然不顾不同产品的固有生产成本，要想让他（她）卖，就必须卖他（她）定的价，而市场上大家就形成了和他们比价的生态，于是一些生产者、商家和经销商不得已，只能靠他们赔本赚吆喝，最终变得低利润、无利润或亏本。

五、直播电商之惑

直播电商是一种新生态。每一种新生态的兴起与发展，都要经历一个兴起高潮、问题出现到有序发展的过程，直播电商当然不会例外，2021年年末，一些网红主播逃税事件引发的连续坍塌效应充分说明了这个问题。当然除了这些政策、市场因素外，直播电商现象中还呈现了其他的一系列问题。

1. 官员走过场

在新闻中，我们常看到一些官员直播出面当主播，宣传当地的农产品，并且由此诞生了一批网红官员。如果他们持之以恒、有计划地开展直播，对于这个地方的产业发展来说，必然是好事，必将成为地方产业宣传与销售的一股重要支撑力量。但事实上是，绝大部分官员没有做网红的天赋，只是走个过场、随个潮流，这样且不说营销本身有多少虚假流量的水分，对地方农产品宣传与发展带不来多少正能量的作用。

2. 网红不专业

网红能挣钱，于是形形色色的人都想当网红，但每个人当网红的基础不一样。有些人有农业专业地位、有知识，在进行直播信息分享的同时能把农产品卖出去；有些人本身具有庞大的客户基础，基于老的营销本行，在线下的基础上增加了线上的销售形式；有些人是名人，借助名人效应来进行农产品的销售；有些人是其他领域的网红，但由于有庞大的粉丝基础，因而也分到农产品的一杯羹。但有很多网红只是靠着资本的运作和背后的包装推动而成了网红，他们没有农产品的知识，很多时候在直播时信口开河，虽然也能形成流量和销量，但这种现象不会持久。

3. 流量推广贵

在新互联网时代，虽然我们每个人都在扁平化的世界里获得了发展的机会，但这种扁平化的平台，很大程度上决定着每个用户的发展权，那就是推广流量。这里说的推广流量指的不是在一些别的电商平台里买一些假粉丝而获得流量，而是指平台本身提供的付费推广而产生的流量。显然，平台的话语权摆在那里,一个普通用户,即使你很有能力,要想获得更多的用户,也需要花钱去购买流量。同样,我们很多的农产品生产者或经销商想利用网红来推广和销售产品,说到底也是希望从网红手中购买流量来提高产品的知名度和销售额,但这种方式普遍存在的情况是,生产者或经销商所能获得的利润非常之薄,很多时候是赔本赚吆喝,而且最后收到的宣传效果只是一时的,这种非专业人士的网红所带来的品牌传播效应非常低。

4. 安全品质忧

理论上,直播电商应该是商业的一种进步,但我们很多时候看到的,好像是很多年前乡镇或县城里拿着高音喇叭吆喝卖皮鞋的街头小贩变了一种玩法。嘴上说好,品尝时表情夸张,我们姑且不说农产品的外观和口感是否真的好,但其安全品质由谁来保证?在常规农产品生产监管下,进入批发市场、商超等渠道时,有工商、质检和农业管理部门的监管,但直播吆喝市场上,目前没有针对农产品安全的管理手段,这就存在极大的安全隐患。

5. 虚假场景多

直播与短视频电商的蜂拥而至,形成了鱼龙混杂的市场生态。这里有很多观感舒服的山清水秀、声情并茂和娓娓道来,但也有很多让人不舒服的恶作剧和惺惺作态。比如常见的在果树枝条上插满牙签,然后将水果一个个钉在牙签上,让人感觉硕果累累,还有很多制造明眼人一看就知道是虚假的场景,然后借以夸张的表情,把农产品电商搞得十分无趣。显然,这样的形式也是不会长久的。

第三节 电商之兴

中国即将超过美国，成为全球第一大消费市场，这主要源于我们不光消费能力强，供给能力也强，我们拥有全世界最大最完整的供应链，而且我们的效率提升也非常快。发达的电商体系将各种元素组合在一起，极大地提高了整个产业链运转的效率。面对不断壮大的电商和汹涌而起的社交电商，我们应该如何面对并做出应对呢？

一、应对消费分级

很多人把消费分级定义为消费者的富裕程度，这是不准确的，富裕程度是衡量消费者消费能力的一个重要因素，而消费群体的分化，才是消费分级的主因和主动力。消费者的年龄、职业、所处行业、性别、性格等诸多方面的因素决定着消费分级的维度。比如性格常常是被忽略的，有的人可能永远不喜欢吵吵闹闹的直播带货，只愿意静静地在网上店铺挑选商品。基于不同消费者的特点与喜好进行的消费分级，我们也可以称之为消费多元。

1. 基于财富多少的消费分级

在消费分级中，财力状况是首要因素，俗话说的"买得起"。当然谁也不愿做"冤大头"，一分品质一分货，对于不同财富等级的消费者，我们需要有针对性地去挖掘和生产不同品质和安全等级的农产品及相关服务。让消费者感受到价格合理、物有所值，甚至物超所值。

2. 基于家庭角色地位的消费分级

人们常说，孩子和女人的钱最好挣，说的是以一个家庭里成员的角色地位为维度的消费分级。如今，为了孩子的健康成长，我们都舍得为孩子花钱。但电商不能因为有需求就去多挣钱，而应该有针对性地做好相应的服务，比如更多考虑农产品中的营养与安全，农产品营养与功效之下的合理搭配等。

3. 基于性别的消费分级

男女在农产品消费中具有明显的差异性，比如女性在消费中更容易冲动，这导致"双11"等电商活动中女性成为消费主流，而在直播电商中，女性消费者也是主力军。从商业角度上来说，我们要投其所好，但另一方面我们也应做到理性营销。

4. 基于年龄层次的消费分级

作为国内生鲜电商之一的"盒马鲜生"曾对国内的消费群体做过一个研究，"80后"总数为2.28亿人，"90后"为1.74亿人，"00后"为1.26亿人。其中对于食品而言，中高收入的"80后"和25～45岁的女性是消费的主体。可见，年龄是消费分级的又一重要衡量标准。不同年龄人群的消费能力以及阅历背景决定了其消费习惯、消费判断和消费能力。比如老年人群，更关注保健功效，中老年人群更关注营养平衡，中青年人群更关注体重控制等。

5. 基于消费目的的消费分级

消费目的是消费分级需要考虑的重要维度，是出于个人或家庭需要而购买，还是为了送礼，是为了单位采购还是为了做下线进一步营销，其对价格、品质、外观、包装、服务等的要求差异显著。

6. 基于社会领域差异性的消费分级

不同人的教育与学历水平，人事的管理性、研究性还是服务性行业，以及成长经历等诸多因素，也决定了消费能力和方式的差异，这种差异是相对复杂的，但其客观存在，尤其在面对社交电商，比如直播、团购等形式时十分明显，加强这一方面的消费分级差异研究并做好应对同样显得十分重要。

7. 涉农人与非农人的消费分级

对于农产品而言，涉农人即从事农产品研究、生产、经营、传播、管理等的人群，他们对于农产品有较多的了解，因此在消费时更为理性，而非农人则更多听从于电商经营者的宣传，有时甚至还会基于自己的固化思维的错误判断。对于涉农人和非农人，电商经营者应该做好差异化服务的应对，与消费者社会群体一起，共筑农产品绿色消费的共同家园，在消费的同时，提供更好的知识服务。

8. 基于消费者地域背景与性格差异的消费分级

我们在进行某项特色农产品产业舆情分析的时候，经常会看到不同的农产品消费存在着极大的地域差异，比如有些农产品广东人更为关注，有些农产品东北人更为关注，有些农产品上海人更为关注，这种差异源于不同地域人群的饮食习惯与文化，以及在地域背景特别是气候和本地农产品结构等之下的消费需求。同样，消费者的性格严重影响着消费习惯，这就造成不同性格的人在面对农产品社交电商时多元化的选择。

9. 基于情怀与信仰的消费分级

农业是食品供给，也是精神家园和生活方式，这其中有不少乐于在现实的农业生产环境中寻求消费，参与农业生产的过程，有些人对有机农业、生物动力农业情有独钟，有些人对社区支持农业、认养农业、众筹农业、有机农夫市集等青睐有加。每一种形式背后，都是农产品社交电商的机会，重要的是去研究做好对应的服务。

10. 基于不同生活圈子的消费分级

经济社会的发展，在我们的生活圈、社交圈中不断衍生了许多有着很强消费能力的社交圈子，比如说闺蜜、广场舞友、大学生协会，而很多的社区团购等电商的形态就是基于这些社交圈子的特点而进行设计的。比如说闺蜜，在电商中有一个词叫"闺蜜经济"，当一部分人财富自由之后，在购买某样心仪的化妆品或零食之后，就乐于分享给自己的闺蜜，甚至轮流做东来进行批量购买。广场舞友别看是一些老年人圈子，似乎钱不多，但他们是主导家庭消费的重要因素，抓住了其中的领头人，即"团长"，也就抓住了附近小区的一大批消费家庭。在大学中，由于消费能力的提升，大学生学生会等一些群体，也充当了引导消费的主要角色，学生会的干部、协会的会长，则是这种社交电商的重点发起人物。

二、服务消费多元

新互联网时代让这个社会的方方面面都变得多元，农业是多元的农业，生产者与生产方式是多元的发展，农产品形式越来越丰富，消费者的角色和对食品追求的口味、品味也益发多元，我们从原来的"得到"，转向更为重视"体验"。

1. 提供货真价实的农业产品

不管农产品的生产经营生态发生什么变化，对于消费者来说，品质一定是第一位的。好产品应该是安全、品质高、值得信任的。因此，不管是电商还是社交电商，需要始终保证提供货真价实的农产品和其他农业产品。在这个基础上，去进行包装，建立品牌，开展各显神通的推广与宣传销售活动。但从我国当前农产品的产业形态来看，总体上还是优质农产品少，普通的我们俗称为"大路货"的农产品多。在进一步保障产量与成本效益的基础上，不断提高农产品的标准与品质极为重要。

2. 适应新的供应链保障要求

与常规农产品供应链不一样，社交电商的供应链有其特色，表现在：①你不晓得能卖出去多少，有可能特别火，供不应求，也有可能少有问津，你要有充足准备，如准备多的货，要考虑社交电商之外的渠道，若需求量大，要考虑如何保证在短时间内调运到新的农产品并发出；②农产品社交电商，比拼供应链与服务，是重要法宝与成败要素之一，消费者都希望尽快或在合适的时间拿到农产品，如果做不到，影响到消费者的心情，很有可能不是好评或给个差评，给社交电商的店铺带来极大的后续影响，即使没有给予负面评价，但影响了消费者后续购买的动力；③消费不是需要多少就买多少，正是因为社交电商便捷的物流形态，消费者一般不会一次性买特别多，而会分批购买，保证其新鲜度，由于大部分商家在较低门槛的消费金额下一般都会免去邮费，这样对于消费者来说也没有额外的经济成本；④消费者的传播消费和发散消费不可预知，一个消费者购买了农产品，他有可能自己或家庭使用，也可能再次下更大的订单，用于满足周边的朋友和亲戚，也有可能从销售者那头拿货，成为新的一级销售者。像拼多多等推出的团购等方式，就是相互往下传，从而达到销量最大化的做法，而传播者在这其中也获得了利益。

3. 满足产品的推陈出新

农业行业在产品特色上，总体来说要落后于其他产业，这就是我们常说的有点"土",显然这与从事农业行业的人群整体有关。我们经常看到一些地方对特色农产品的宣传与包装,总感觉到与时代跟不上,比如说很多都打营养牌、保健牌,但那主要适合老年人,年轻人一看到这样的介绍和宣传,心里会有不愉快和不适感,感觉自己变老了,而老年人也未必有很好的消费体验,他们还想着更年轻,这就是一个误区,也是农业保健类产品经常搞不好的重要原因。再来看饮料行业,近些年做饮料的汇源果汁陷入了困境,但是一批年轻态的饮品开始异军突起。这背后的原因是消费市场的人口换代了。所以我们在农产品的本身形式、定位、宣传等各个方面,要多听听年轻人的想法和建议,而不是"60 后""70 后",甚至"80 后"的梦想体会,那是一种需求,但那可能不是市场上的大需求。

4. 参与食物生产的自然过程

现代农业不仅是食物供给,还是生活方式与精神家园。农产品的消费方式与体验不再是简单地得到,而是通过消费达到食物的供给,同时满足对产品生产过程以及延伸知识的体验。在我的朋友圈里有一位做社交电商的农场主,由于学历较高,她总能用诗情画意俘获消费者的心。看看她如何描述自己的农场和农产品,"下面,就来跟着我们的相机,看看农场里那些沉默的动物、植物吧!""这是我们常吃的蒿子秆的花。如果没有在小时候采收,蒿子秆会长得非常高大,然后,她们在顶部开出暖暖的花朵。""大叶茼蒿和蒿子秆是亲戚,她的花朵里,藏着一轮太阳。""蒿子秆森林里有一个蜂巢,那天拨开高大的蒿子秆,一抬头看到了她。""在这舒适的春末夏初,她正在筑巢打算产宝宝吧,当我们对着她拍的时候,她很警惕地看着我们!"这种图文并茂、声情并茂的描述,不仅让大人感受到趣味,更让家庭中的孩子体会到田园的自然乐趣,学到了知识。这就是消费者在消费中想要获得的更加多元的消费需求。

5. 提供更多精深加工农产品

我们在各地调研发现,不管是发达地区,还是欠发达地区,农产品的精深加工或多或少存在着短板。在当前不管是农业的高质量发展还是振兴乡村,提高农产品的精深加工能力,产生更多精深加工产品,形成更多的农产品精深加工品牌,是重要方向和任务。这就需要我们的政府、企业、电商行业和科研机构加强合作，共同在一些潜力性的初步成果上，下足功夫，努力对标或学习国外先进经验，形成更多国内高尖端的精深加工农产品的技术与产品，满足消费者的多元需求。

6. 生产者消费者的风险共担

社区支持农业相信大家并不陌生，这样一种新的多元消费生态在国内也逐渐流行，而社交电商将这种相互间的风险共担形成了商业性的机制。消费者共同投资参与到了生产过程中，这一方面为生产提供了资金来源，降低了自己获得农产品的成本；另一方面，由于对生产的利益深度参与，也更能对生产者产生极强的信任，生产者可以根据消费者需求去生产农产品，消费者更能体会到生产有机农产品所要承受的真实成本。

三、增进消费体验

电商尤其是社交电商，拉近了生产者与消费者之间的距离，构建了双方或多方直接交流的通道，显然消费体验是至关重要的。增进电商的服务体验是电商竞争中的重要法宝，而应对消费分级，电商经营者需要精准施策，有想法有创意地去增进消费者的体验。

1. 以高效供应链为保障

农产品消费的首要目的还是"得到"，这个得到，一要货真价实，二要产品无损，三要速度要快，四要体验愉快，五要售后保障。这就是现代农产品物流中的高效供应链。一个好的供应链，还要在同源同质同标的产品上有数量的相对保障，根据这个数量来定消费策略，不要刚卖起来，吊起了胃口，就没有货了，或者有货但是由于季节差，分布散、人才与物流等因素而供应不上。所以现在很多地方建设分布式数字化物流，就是这个道理，能够实现一片区域的大规划动态调度，同时在保存和运输上保证标准化。比如南方一些省份正在建设的冷链仓储田间小站，把一些成本相对低廉的冷链仓储布局到生产地头，然后通过数字化将仓储设备的状态、库存与出货情况及时掌握，方便分布式就近产品调货。而对于像新疆等地区，则需要加紧布局"内地仓"，压缩农产品从发货到收货的时间，保障消费用户的购物体验。完整的供应链使新零售企业将自己与基地、渠道的关系变得紧密，产生新的"订单"农业，产销之间不再是随行就市。这就促使新零售企业寻找或投资更多的稳定的优质供货基地。对于特色鲜活农产品，有一种抢鲜购模式，一般包括三个方面：一是以销定产，提前预售来汇聚需求，按照订单进行采摘加工销售；二是基地直供，确保品质和价格优势，减少中间环节的成本；三是原产地保证，整体供应链简单，避免中间环节出现货源不平衡以及调包等情况，和协会或农业合作社合作制定统一的品质，通过二维码等技术，确保流通环节的品质。

2. 品牌意识与做大做强

淘宝等平台在一开始的时候，很多平民商家主要是基于有什么卖什么，能卖什么就卖什么的赚差价的商业规则。但随着时代的发展和电商生态的进步，以及国情、民情等变化，一些知名品牌也开始入驻淘宝等电商平台，而一些刚开始倒买倒卖的商家在商海中摸索出了经验，开始自行生产产品并在平台上销售以获得更大的利润。典型的如服装行业，从一开始去批发服装来卖，到后来形成自己的设计团队、原料采购基地，然后再把订单发给代加工厂，逐步打响自己的品牌。随着社交电商的兴起，这些国产品牌也越来越响，这就是典型的品牌意识下的电商越做越强。一个强大的品牌也是对消费者最好的服务。

3. 新老顾客的对待策略

同线下电商一样，线上社交电商也一样有会员的概念，某种程度上，这种会员概念更科学更准确更透明。当然一些平台也通过系统功能设计，自动为店铺商家的用户设置了不同购买频率和金额的用户分类及等级赋值。但大多数平台主要面向商家做出了精细的等级划分，而对商家服务的消费者没有好的用户管理功能，这就需要店铺商家自己开发或基于电商平台开发相应的客户管理系统，以区别对待新老顾客，让老顾客心里得到平衡和更多关照，体现符合常规消费心理的公平公正透明规则。

4. 实现面对面的信息透明

农产品全流通环节的不透明一直被诟病，消费端能获得的信息常常太少而且不透明。在传统的农产品销售中，从生产基地到消费者，经过的环节很多，而这些环节都有被调包的可能。对于流通商来说，一是要保证价高的产品能卖出更多的量，二是要保证价高的产品能够持续供给，这就出现了这样一个现象，流通商是以消费端的需求来确定手上产品的品类的，说得直白一点，就是不管哪里的什么品级的产品到了他们手上，就成了他们主导的分配了。他可以让新疆的大枣是新疆的大枣，也可以让河北或山西的大枣成为新疆的大枣，至于包装盒，早就设计制造好了。直播电商的出现某种程度上解决了这样的问题，但我们同时也要注意，很多的直播电商背后其实还是这些流通商们。

5. 用大数据服务市场与客户

研究客户是关键，如果本地产业希望在互联网上做销售，首先要进行大数据分析。电子商务和传统渠道最大的区别是数字化运营。电子商务一定是根据数据分析，最后定产品销售策略、价格策略、营销策略，主推哪些产品。所以电子商务销售，要把数据、客户研究透，而不是说自己的产品好，这样效率低、投入大、产出不确定。在农产品电商中，有一个"好产品"到"好网货"提升的概念，好网货是在好产品的基础上，可以解决消费者体验、规格、视觉等问题。大数据在这里面起到支撑作用，需要数字化运营，其规格设定、包装设计等需要通过数据分析来完成。消费者对特色、生态农产品需求逐渐加大，但这个潜力有多大，需要用大数据的手段去挖掘。消费需求的变化，使得生产者改变传统的种植模式，去竞争市场，在竞争市场的过程中，消费者是隐形的，数量是无法估计的，因此需要通过电商等形式去推送去对接。

6. 用追溯增进消费体验

追溯某种程度上是解决农产品从田间到餐桌的方式，将在后面一章详细讲述，但从技术层面上来讲是有一定难度的，所以我们不能完全站在技术的层面上去看待追溯，还要从增进消费体验上来看待追溯。比如通过追溯让消费者更了解你的产地生态，你的农耕操作，在你的基地里发生的有趣的事，和你的会员们来共同分享。而这种分享不仅是扫码即得，还应是动态变化的，以增加用户的黏性。我们有不少商家，利用一些对农产品的亲切科普、动人描述，进一步增加了孩子对食物的兴趣，增长了知识，使得消费者在关心食物的同时,对大自然产生浓厚的兴趣,这就是一种很好的消费体验。

7. 生鲜电商的到家配送

生活水平的提高以及生活节奏的加快,使得我们对生鲜食材的到家配送需求越来越强烈,一些电商如"盒马鲜生""美团"等应运而生,手机下单,顷刻送达,这其中有些是固有品牌,有些是作为平台从各个生鲜商家进行购买然后平台负责配送服务。现在一些城郊的农场也加入了这一行列,进一步丰富了生鲜农产品的品类。每一类电商也有其特殊的形式,如"盒马鲜生"主要做的是"生鲜超市+餐饮+配送"的新业态,各种水果电商做的是果园直采模式;以 CSA 会员制的销售方式自营有机生鲜的平台,通过会员制预售,每周一次或者两次集中配送,实现农场到家,降低生鲜损耗率。

8. 生鲜食材的线下体验

有些做高档肉品、乳品、水产品、杂粮、野菜、有机蔬菜等的商家,通过在城市开设体验馆,让客户感受到新鲜食材的烹饪方法,同时也对产品进行了现场宣传,获得一批线下转线上的客户。很多的城郊农场也把客户邀请到农场现场采摘和品尝,通过这种亲身感受的传递,带来更多的客户线上线下消费。在电商线上化的时代,有创造性地开展一些线下的体验是非常有必要的,好的农产品是靠闻出来的,是当场吃出来的,而且还要有设身处地的心境和环境。

9. 可视农业与认养体验

体验消费还有可视化、认养等模式。用户可以在农庄里认领一小块"云上菜园",这也是近几年所说的虚拟农场,但虚拟农场不是网上游戏的虚拟,而是实实在在的菜园,你可以随时观察作物长势,可以采摘也可以快递,而管理既可以亲身参与也可以代为管理。"可视农业"的模式,提出依靠现代技术将农作物或牲畜生长过程呈现在公众面前,让消费者放心购买优质产品。但总的来说,不管是可视农业还是认养农业,用心做的不多,大多是装个摄像头,可以线上远程地看,但这种大部分时间是静止画面,消费者可能图一时新鲜,时间长了就很难关注了。但相关的思路还是可借鉴的，比如有人提出，我在山上种梨，我把从早上到晚上日出日落，寒来暑往的镜头录下来，然后快进缩短，让你感受一下我的环境，生命的成长。这就是超出一般意义傻傻录像的思维，值得肯定。有人提出，林下养鸡，我就经常在账号里发喂鸡、鸡打架、狗旁观的视频，分享有趣的事情，吸引用户注意，慢慢成为预订单客户，看着鸡慢慢长大，这和现在的抖音、快手等的营销思维其实是类似的。

10. 更多的用心和用情

我们常说，农业不仅是食物供给，还是生活方式和精神家园。对于农产品电商，是直接面向消费者，也就是社会大众的，所以我们除了供应食物等产品外，还要有更多的产品服务，这就需要我们更加用心和用情。比如有的商家会随机赠送礼品，诸如盲盒之类的东西，打开前也不知道具体是什么，有的商家给孩子和老人准备了一些贴心小礼物，卖家把客户当朋友看待，还可以满足客户的个性化包装需求，比如作为赠送的礼品。有些商家让消费者分享购买经历，并给予奖励，这也是为其他顾客的好奇与购买欲望提供了社会化的佐证。互联网时代的好产品不仅仅是品质好，而且能自带流量，需要应用新技术、新创意、新媒体。比如在商品销售的时候，提供整体的套餐建议，营养搭配，烹调方法，营养知识，产品科普介绍等。对于社交电商来说，我们应把客户当会员，要善于管理会员，点拨会员，服务会员。

11. 电商与隐私

电商切中了消费心理的要害，特别是年轻人群体。这也是与传统线下销售不同的地方，线下销售我们会面对面，有时不仅与销售者面对面，还会涉及我们的朋友、家人、同学、闺蜜等，而每个人的审美是不一样的，有时就会受别人影响，而电商则不会，是点对点的关系。我们常常对农产品的品质与行情不了解而不会还价，到了超市太多花样的包装我们无法选择，也没有同行建议可参考，只有售货员一面之词，从商铺拿到家太重不好搬运等。当然也怕买了不好的，或不识货被人笑话，而网上买的，好就用，不好就退或换，某种程度上还保护了我们的隐私。这就要求我们在售后服务上要充分考虑到消费者的品位，尽量能给予替换和退货。

四、对接更大市场

区别于传统的农业主管部门管理农业生产,农产品生产的小农户、大农户及新型生产经营主体都能解决自身的农产品销售问题,"互联网+农业"使得农业生产与农产品的销售不再局限于一个专业化、单一化的领域,而是成为一个社会化的共同商业行为。从社交电商当前的现状来说,确实吸引了大量的社会主体的参与,使得电商不仅仅是一个农产品供给和营销的行为,而是一种社会经济的生态方式。在参与主体中,社交媒体平台、互联网企业以及部分地方的农业龙头企业已经有了较深的参与,尤其是社交媒体平台,基本上是社交电商重要支撑载体。但农业科研单位、地方政府等做得显然是不够的,甚至有点作为旁观点评的角色。

1. 社交媒体平台与社交电商

社交媒体平台是社交电商的重要滋生地,虽然社交电商火了之后,传统电商也在往社交电商上转型,但这个思路和模式是社交媒体平台率先实践并应用的,社交媒体平台在一开始注意的还是社交用户的交流,当用户规模、圈子文化以及内容升华达到一定程度之后,电商就自然而然产生了。这里我们去反向思维,后面我们会提到科研单位和地方政府以及龙头企业等要与社交电商做好对接,那么一个重要点,就是要注意社交媒体的作用,而不是立足于传统意义上的媒体平台和行政指导、科研学术报道及成果转化等。

2. 地方政府与社交电商

让电商和社交电商做得更大的另一个因素是地方政府。地方政府与京东、淘宝、拼多多等进行深入对接,可以共建有质量安全、标准运行、技术支撑的标准化农产品生产基地,充分规划好场地,甚至深入田间地头的仓储物流与派送体系。对于地方政府而言,优化了农业产业结构,支撑了农业供给侧结构性改革,让特色产品在网络上有了更好的品牌和销售业绩,为产业增加了稳定的就业岗位。火了一个地方,就火了这个地方的农产品,所以对于地方分管农业特色产业的领导机构来说,不要着眼于为了卖什么就在宣传口径上说什么,要学会曲线求胜、奇招制胜。比如我们重视农耕文化的宣传,大家知道了李子柒之后,就对李子柒所在的这个地方农产品感兴趣。对于政府部门而言,我们可以变着花样去宣传这个地方的农人、农业奇人、有趣故事、传统食品工艺等。要把县域特色农产品品牌打出去,电商做起来,做得好,就要先赢得地域,再销产品,农产品的地域特性能在互联网上打出品牌。举个例子,苹果的产区很多,如山东和陕西等,但是你问年轻人,苹果最好的品牌是什么,他一定会告诉你阿克苏苹果,因为阿克苏苹果通过互联网引爆,然而对于老一辈的人来说,阿克苏苹果是新鲜事物。近两年阿克苏苹果一直在营销推广,营销活动也已经从线上带动到线下了,很多超市现在也开始卖,虽然很多老人原来是没听说过的,但是年轻人认这个东西。

3. 农业科研单位与社交电商

在社交媒体平台、地方政府、农业科研单位、农业龙头企业以及互联网企业中,农业科研单位无疑是社交电商参与度最低的。很多农业科研人会觉得这是不务正业,但显然这种观点是错误的。首先,我们的农业科研队伍非常庞大,无须每个人都在研究"卡脖子"技术。其次,社交电商是农产品全产业链的重要环节,农业科研单位和科研工作者也应服务于这个产业的发展,而不是仅仅停留在发表文章,作些学术报告上。农业科研单位有着很好的资源和优势基础,在农产品社交电商中的产品质量把控、产地布局以及膳食营养等多方面均大有可为。

4. 农业龙头企业与社交电商

地方的农业龙头企业承担着一个县区农业产业的重要经济支撑任务,但大多数的地方农业龙头企业尚未完成在新互联网时代电商模式的转型,很多固守于传统的销售方式、传统的宣传渠道、传统的产品设计与宣传理念。一方面,企业拿不出更多的精力来做这些事,更多的还是由于农业龙头企业高端人才的缺失;另一方面,网络上近年兴起的大多为初级农产品或初加工农产品,精深加工的农产品在新兴电商方式下销量较小,这主要还是精深加工的农产品数量少,质量不高,以及在产品类型和用户对象方面没有太好的针对性,未来应该好好挖掘一下这方面的潜力。当然近年来，我们也看到很多的民营企业正在朝着自主研制、自主开发、国产品牌等方面迅速努力。

5. 互联网企业与社交电商

除社交媒体平台外，一些传统的互联网企业也纷纷进军农产品的社交电商领域，甚至一些互联网教育企业，比如英语界的新东方。腾讯也在逐步渗透农业全产业链，帮助农业生产经营者借助互联网工具打通农产品全产业链，业务范围涉及农产品生产、农产品溯源、农产品电商等方面。而华为等企业也纷纷在智慧农业等领域做好支撑和产业技术开发与应用。

五、地方政府支撑社交电商

对于地方政府而言，关于电商的传统概念是有必要清楚的，比如我们常说，电商是为传统农产品产销注入信息化元素，以信息流带动物流、技术流、人才流、资金流，可以实时反映供求状况，解决市场信息不对称问题，提升农产品生产者话语权，为他们拓展新渠道、新客源和新市场。当我们掌握了更多的消费渠道信息之后，我们可以以市场为导向、以消费者为中心，倒逼地方农业生产的标准化、品牌化，优化农业生产布局和品种结构，发展高产、优质、高效、生态、安全农业，实现农业发展方式根本性转变，提高农业产业素质和国内外竞争力。具体到一些做法上，可以有如下思考与行动。

1. 共建面向电商销售的农产品基地

京东等平台有着很好的销售渠道，于是便开始打造可控的产业链体系，优质农产品生产基地便是其中重要的一个环节，称之为京东农场。地方政府应该和这些电商大企业友好协商，实现共赢，为消费者把好数量关、质量关、标准化，做大做强地方农产品的生产基础体系。除了京东，现在各类平台都在拓展自己的产品基地渠道，地方企业要抓住机会，不要一副"酒香不怕巷子深"的态度，也不要觉得自己产量不够，不愁销，要强化产业思维、互联网思维、社交电商思维。

2. 共建农产品仓储、包装、物流与配送体系

农产品特别是生鲜农产品,其仓储、包装、物流与配送需要形成一个有机的整体,这需要我们与电商企业共同去建设这些基础设施体系,比如政府部门管理的供销社以及一些集体企业、民营企业,有这样的一些设施设备,政府应和社交电商平台共同考虑如何利用,利用政府的作用把这些资源汇聚起来,充分发挥,某种程度上也能盘活这些企业的资产,实现扭亏为盈或增值。农产品的传递,中转的仓储保鲜是重要一环,电商企业有自己的整体运作版图,地方政府应将自己的区域主动纳入这些版图中,不要只重视自己区域内农产品的仓储,域外的中转仓也是非常值得我们重视的,特别是一些在货运交通上有着较大优势的县域,应主动承担这样的功能,而不是把这些中转仓储支点全放到西安、郑州、杭州、重庆等枢纽大城市。

3. 共同打造地方特色农产品品牌

地方政府除了要为当地特色农产品质量与安全背好书、把好关,还应在这基础上,向着品牌化迈进,而不是单由一些小企业自己"打江山",通过与社交媒体、电商平台等的对接,借助这些大平台的优势与能力,提升本地农产品品牌的宣传、故事、产地特色传播等的影响力。

4. 地方领导应做持续的网红

有一个奇怪的现象,每当有一些地方领导做一下直播,当一下临时的网红,媒体便要重点宣传一下,更为奇怪的是,大多数这样的行为,都是昙花一现,是否可以专门设置一个这样的岗位呢?宣传地方产业,形成强大的全产业链供应体系,也是"三农"工作的重点。但我们目前能看到的,地方领导做直播数量相对于县市级干部数量实在是微乎其微。这些状况应该得到改变并加以重视。

5. 努力培育地方农产品网红

社交电商发展起来之后,有很多的小县城直播带货产业也迅速发展,涌现了一大批网上主播,并拥有可观的粉丝数量。但总的来说,我们县域的那些懂农业、爱农业的人是沉默的,有些地方虽然涌现了一批这样的人才,但更多也是孤军奋战。农业管理部门在规划和实施培养农业人才的时

候，除了培养技术型人才外，与新互联网时代电商的接轨应该加以重视，不仅仅是请了几个老师，培训了几堂课，而应实实在在地去支持这些农人们表现自己，帮助他们获取流量，牵线专家指点他们，让他们在更好的环境中得到启示等。

6. 制订农产品销售与运营的长久策略

农产品电商的竞争异常激烈，随着农业科技的进步，同样的农产品如果卖得好，别的很远的地方很快也能投入生产并形成规模化，因此地方政府要有制订农产品销售与运营长久策略的思维。在农产品销售中，有爆款产品和关联产品的说法。爆款产品要讲标准化、规模化、生态化、情怀化，甚至智能化等。而关联产品，要尽可能多出创意，是附带着卖的，一开始心中要有数，要有多种选择，不要一下子就适得其反。爆款产品如果成功了，就可以从小规模到大规模再到区域性的基地进行合作。

7. 培育农产品电商的各类主体

做好地方的特色农产品电商就要培养电商生态中的各类主体，每个地区的电商发展现状不同，在刚起步的地区，没有很多主体，大部分工作自己干，角色自己承担，所以门槛很高，效率也很低，不能实现有效的分工合作。政府部门要意识到这些问题，电商尤其是社交电商的生态，不只是几个卖家在那儿吆喝的问题，背后需要各类的社会化主体来支持，要做好牵线搭桥的职能。

8. 用大数据让农产品销售走得更远

只有先让产品走出去之后，比如通过电商把产品卖到很远的地方，打破了原来的地域市场，这个时候才能知道自己的地位。有时总是认为自己地方的产品好，结果发现广东的消费者并不接受，或者发现云南的产品比你这个地方的更好。这就是大数据，让我们不再闭门造车，知道外面的世界。当然也有正向的情况，比如发现了自己的优势与特点，从而增加了布局与扩大产业规模的动力和信心。这就是有了方向，然后明确了方向。当然我们还会面临一系列的问题，比如说发现不如人家，那么就要从品种上、技术上等下功夫，去解决这个问题。从舆论导向上，我们要去营造正确的舆论导向，不能平白让人家去抹黑，如果是我们的问题，也要暗下功夫去改正，这就需要政府多担当，多做事。当然我们也要通过与一些大平台的合作，与一些有话语权的平台合作，把我们的优势宣传出去，同时把外面的情况引进来。后面有一个章节会重点来讲地方政府如何利用农产品的大数据。

六、科研单位参与社交电商

农业科研单位和专家不要觉得参与社交电商平台的建设属于不务正业。坦白来讲，很多人进入农业科研单位之后，发现自己并不适合搞科研，另外，农业科技成果转化现在也越来越受到重视，基于这些因素，农业科研单位应该认真而深入地考虑如何参与社交平台这个生态之中。如下是一些思考建议。

1. 农业专家要出面当网红

农业专家比那些名人以及网红们更懂农业，这个是毫无疑问的。而当了网红，可以让我们的专家更加了解这个产业的各方面需求，包括消费者、生产者、流通者以及政府部门，在这样一个扁平的环境中，需要基于专家和网红产生互动。农业专家当网红好处多多，不管是专门从事科研的还是辅助科研的，更不用说对电商和社交充满强烈兴趣的年轻人群，应该勇敢走出科研的象牙塔，挑战自己能不能做一个好网红，服务于农业产业商业与供求生态。

2. 充分利用好科研单位的基地与服务产地

大多数农业科研工作者都有自己或单位重点服务的基地和地方农业产业。在以往，他们更多的是进行生产技术等方面的指导，应该逐步向全产业链方向去拓展，很多的农业大学正走在这条道路上。一些地方的特色农产品有了科研单位的技术背书，有时也是农产品质量的重要第三方评价。

3. 充分利用好科研单位在品种、技术、安全检测等方面的优势

农业科研单位的优势很多，但在面向消费者时，体现的成分并不多，尤其是社交电商之中，比如社交电商农产品的质量安全保障方面，前面已

经提到。科研单位应利用好品种、技术以及产品检测等方面的优势，通过与地方政府或龙头企业合作，形成合力，保障农产品质量与安全，形成更大更强的地方特色农产品供应保障体系。

七、确保持续发展

社交电商的发展极其迅猛，但这其中必然也逐步暴露出很多的问题，为了社交电商的持续发展，我们要做的不是去规避这些问题或者是打擦边球，而是要理性面对，逐步改善，让社交电商的模式走得更远。

1. 规范经营

平台对社交电商的经营逐步有了较为严格的审查制度，在账户的设立，以及在运营过程的监督上，都出台了一系列的制度。但在运营过程中，购买虚假的流量，利用网络水军来刷好评，编剧式的评论，增加粉丝数，雇用刷单人等现象仍为普遍。经营者应靠自己的真本领，拿优质的农产品和优质的服务去打动消费者的心，持之以恒，以质服人，以心服人，才能走得更长远。

2. 依法纳税

电商与社交电商的开始之初，对于经营者没有完善的纳税制度，但近年来随着一系列政策规范的出台，税收政策也在逐步完善，而一些经营者，特别是直播电商的经营者不守规则，近年来也逐步受到了应有的惩罚，被罚款，被全网"封杀"。因此，农产品的电商经营也一样要遵守国家的相关政策法规，依法纳税，正规经营。

3. 加强质检

前面说过，农产品电商与社交电商存在质量安全检查的空白地带，生产者将产品生产出来之后，与消费者达成意向，就通过快递直接送到了消费者手中，这其中农产品的质量安全监管环节消失了。从农产品质量安全的角度，这个环节必须补上，如何实现，是管理者重点研究的课题，比如抽检，比如平台中设置质量安全要求的一些环节，如检测报告、安全等级证书、商家承诺书等。

4. 珍惜信誉

社交电商中，消费者与生产者大多情况下也不见面，有一部分商家就有一种"骗一个是一个"的心理，把消费者当成火车站周边流动的旅客，商家这种做法属于短视行为，而大多数的商家极为珍惜自己的信誉，因为认证的店铺在那里是移不走的，只有用好的产品好的服务，对待好消费者，才会增加黏性，引来回头客，甚至通过这些客户去带来更多的客户。同样，我们很多的商家，当电商线上服务规模不断扩大的时候，会产生服务降级，而这种降级影响是巨大的，有时会一夜之间，化整为零，比如多个差评而引起的轰动效应。在电子商务生态圈上，客户间信息传播是个非常有意思的事情，这和店面不一样，店面中消费者的产品消费感受是很难共享的，但线上电商不一样，评价摆在那里，不论是谁，不论什么时候都可以看到，永远是个印记。消费者在购物时更倾向于浏览并相信别的顾客的评价。

5. 理性引导

社交电商靠的是宣传手段，是一种面对面或者说是更具吸引力，对消费者更为直接的宣传手段，但作为一个有良心的商家来说，针对不同群体，我们应正确宣传，不能规避或回避问题，比如明明是某个年龄段或某类人群不适宜的农产品，在咨询交流时，刻意模糊或直接诱导其消费，我们应该把合适的商品卖给合适的人，不能被金钱迷了眼，不能刻意夸大功效。和传统电商不一样，传统电商的文字和图片使用受到了平台严格的监管，而直播语言的监管，在技术上要难一些，但决不能以此钻空子，挣不该挣的钱。

6. 崇尚节约

从消费需求来看，不管是电商还是社交电商，都不应增加农产品的消费总量。但由于消费者的情绪和兴趣被鼓动起来了，常常形成了直播电商前的冲动消费，就是很多网红口头上常喊的"买、买、买"，结果买了一大堆，吃不掉，扔不得，最终还是造成浪费。经常听朋友抱怨，说买了太多网红的东西，但每次看到还想买。这样引起的电商消费流水增加，不是一个好现象，也不值得提倡。在农产品社交电商中，崇尚节约应成为未来的重要引导之一。

7. 绿色物流

大家都已经发现,我们平时收的包裹越来越多了,很多商家为了比拼服务,在包裹和农产品本身的外包装上,花的材料更多了。过度电商引起的过度包装,对环境压力将会非常大,有很多人对此提出了反思。由于电商的出现和发展,商品的流通更加零散化了,原先通过传统方式购买,我们只关注商品本身,而通过电商,需要根据路途远近,时间长短,产品宣传需求,客户个性需求等分别包装。轻简绿色可循环利用的包装,是需要研究的重要课题。

8. 放慢脚步

社交电商普遍要求到货速度要快,但我们的生活节奏也不需要快到那个程度,并不需要什么东西都是秒购、秒到,这也未必是一个经济合理的供应体系,代价可能太高,增加的用户体验其实相对有限。我们一味地追求快,背后当然有拼命的快递员们,但我们却失去了对产品传统的那种期待与体验感。现在快递运输中,满街的电动车、摩托车,危险且不说,对快递员工的劳动福利也应该加以重视。

9. 促进平衡

中国这么大,农产品的供应肯定不能追求简单的供求平衡,"多了总比少了好"的道理,就说明了这一点。多了我们可以想办法,少了很多时候不是想办法能解决的问题。我国人口摆在那儿,消费需求在那儿,加上不同消费层,不同口味人群,你需要选择,有选择就会有剩余,但剩余多少合适,这是需要研究的,这里面还有消费结构占比的问题,这些都应是研究的重点。值得期待的是,电商和社交电商让我们更好地摸清了消费者的需求潜力、需求特点、消费习惯,以此为基础,加以大数据的研究,就能够更好地指导和决策生产端的生产布局和不同质量、等次、周期及数量供应,从而进一步促进我国农产品的消费供求平衡。

第四章
质量追溯

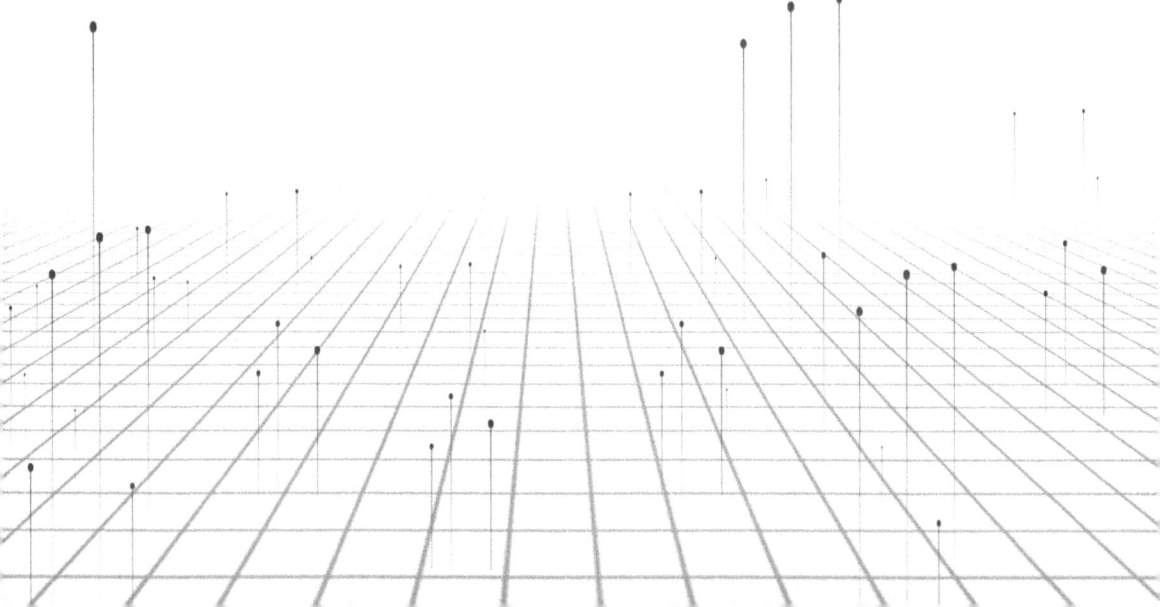

在整本书中，质量追溯这一章似乎涵盖的内容范畴要相对小一些，但之所以拿出来单独叙述，主要是因为其涉及农产品质量安全，也是大家特别关心的问题。农产品质量追溯大家提得多，做得也多，讨论也多，但各种声音也多，生产者不知如何做，消费者对此兴趣不浓，管理者又显得很为难。在此，笔者有必要和大家一起分享、讨论相关的观点、态度和亲身实践体会，共同寻求破解之道，推动农产品质量追溯工作和服务市场向前发展。

第四章 质量追溯

第一节 为何追溯

"追溯"这个词语搞农业的肯定不陌生,近年来,不管是政府的文件、还是媒体的新闻,以及学者的呼吁,社会人群的交谈,都涉及这个。但有重视更有争议,导致围绕这个的讨论就很多。搞清楚我们为何要去追溯很重要,我们的目的肯定不是单一的,不同的农业生产形态、不同的从业角色、不同的追求体验,也造就我们追溯目标与方法的多元性。

一、农产品的复杂特性

国外有一个概念,将商品分为三类:搜寻品、经验品和信用品。搜寻品(Search goods)是指购买前消费者已掌握充分的信息,是有目的地去购买,比如邻居买了某个网店里的苹果,送你了两个,你吃了也觉得好,也想去买,你就会有目的地去搜寻。经验品(Experience goods)是指只有购买后才能判断其质量的商品,看着感觉挺好,抱着试试看的心态,买了一盒苹果,吃了感觉确实不错。信用品(Credence goods)是指购买后也不能判断其品质的商品,其购买决策建立在信任基础之上。同样是苹果,买了吃,觉得很好,但其实有可能农残超标,信任被欺骗。

1. 农产品难以标准化

大家都知道,农产品不同于一般的工业制造品,其来自大自然或设施农业的生产,由于其是一个生物体,生长过程中影响的因素很多,品种特性、气候环境、栽培管理、地域差异甚至天灾人祸等都会造成影响。农产品的生产过程本质上是在人为干扰下的植物自然生长,生长在野外,受各种自然条件影响非常大,而不同地区的同一产品表面上差异又不大、常人难以区分,比如陕西洛川苹果与河南灵宝苹果,外观非常相近。再说品种特性,简单打个比方,同样是山东烟台地区种的苹果,不是每个品种都好吃,同样一个品种,有些能做到整棵苹果树都甜,有些可能是只有阳光照射好的那部分甜。此外，品种在代代生长以及异花授粉等因素下也会出现退化，可能前几年甜，后面长长又不行了，需要砍掉树重新栽种。一个好的追溯产品应该充分考虑到某一具体品种的产品特性，不能是出自这个地方的就是好的。

2. 农产品的流通过程非常复杂

农产品从生产者的田里到消费者手中，常常要经过好几道手，即使生产者想把最好的最安全的农产品传递到消费者手中，但有时却做不到，因为还涉及加工与流通等领域。说到地域差异，大家就比较熟悉，一方水土养育一方人，动植物也一样，不同地方生长不一样的产品，所以才有了地理标志农产品，区域公共品牌，一村一品等之类的农产品形象出来。但这也给造假制造了机会，大家都认可这个地方的产品，那么我就拿其他地方的农产品来顶替，甚至那些做本地农产品的人，在订单增量无法满足时，就拿其他地方的农产品来凑，这已经成了农产品流通行业的潜规则，比如"洗澡蟹"。流通商们主要是为了保证供应的有序保障和平衡等问题，当然更多也是为了挣钱。现在社交电商中生产者与消费者直接发生交易，物流只是第三方服务，从很大程度上解决了这些问题。在加工领域，有时很好的产品，甚至是有机品质的，但在加工过程中被添加了一些质量不过关的添加剂，让优品成了次品。

3. 农产品的信用品属性需要追溯来加以解决

信用品的质量安全属性没有参与交易，所以面临严重的信息不对称，从而导致逆向选择而造成市场失灵，优质不能优价，劣币驱逐良币。农产品市场的现状就是一种"吃了不倒"的低水平均衡。这在流通行业内已成了一种"共识"。比如我们经常听到一些国内大型批发市场的人说，我们重视的主要是外观品质，其他的不是优先考虑的。但消费者考虑这个，如何解决，需要靠农产品质量安全追溯来解决。

二、当前消费者对农产品质量安全的担心

农产品是消费者每天都要食用的东西，从以前有啥吃啥，到现在挑着

吃，这种挑一方面是挑品牌、挑口碑、挑品质，但从情感角度上来说，有时我们是看朋友的推荐和宣传，有时是看商家的直接宣传，比如直播和社交电商中的介绍内容。但总的来说，大家心里还是没有底的。这种担心，其实是对农产品质量安全追溯的殷切呼唤。

1. 不透明

农产品质量安全经常暴露出问题，然后我们就开始猜想能不能实现环节透明，因为我们感受到不透明的情况，这是追溯的初衷。当然其他的产品也是不透明的，比如普通人不知道手机是如何生产出来的，但手机又不是吃的，是用的，性能不好，很容易发现，不满意可以退货。农产品是一个非标准化的产品，很多的性状是看不见的，我们接触农产品主要集中在最后端，即产品拿到手里感知比较的时候，我们最为关心的安全问题，就很难感知，生产者宣传的那些特殊功效，我们也很难感知。

2. 无质保

大量的社交电商，直播带货，一激动就买了，但回头细想，对安全品质还是不放心，是不是当地产的，好吃是好吃，但农残是否超标，这些心里没有数。国外的农场有认证，而我们现在随便投资块地，就可以宣传自己是生态农场，虽然农业农村部已经制定了标准，正在推行。质量保障问题也让我们很闹心。虽然在农产品质量安全监管和检测方面，政府部门已经做得非常努力了，成效也非常显著，但对消费者宣传得少，消费者感知得更少。这些问题，是催生农产品质量安全追溯应用的重要原因。

三、准确理解农产品质量安全追溯

我们经常来解释农产品质量安全追溯，就是让大家了解食物从田头到餐桌的全过程，但事实上并不是如此简单。

1. 追溯最初的出发点是鉴别

追溯最初的出发点很简单，也就是鉴别。比如证明阳澄湖大闸蟹来自阳澄湖以及所属的这个商标品牌。比如证明茅台酒是正品，而不是别的地方灌装的假酒。在这一阶段，我们更多的是通过一些防伪手段来查验真伪，让生产者提供一种防伪手段从而来进行证明和鉴别。

2.追溯要强调对产品全流程的监管

从田间到餐桌，包括田间地头生产全过程、初级农产品被采购、物流流通过程、产品的初加工或精深加工、产品送到消费者手中。我们希望这个过程中每个环节是清晰的，每个环节本身是没有问题的，比如生产的安全、储运中不添加有害的保鲜剂，加工中不添加有害的添加剂，流入消费者手中没有被品牌商调包等。我们希望这些流程是记录在案的，有各个环节的田间生产档案以及流通的路线图和负责人情况等。从技术层面上来讲，这样的要求是合理的，也是符合逻辑的。但我们需要反思，我们实现了这种环节的透明，那消费者是不是就可以从中发现产品的问题呢？显然答案是否定的，每一个农产品质量安全的追溯标签，消费者扫描出来的结果一定是农产品质量安全得到保障的，是没有问题的。但事实上，农产品质量安全当然存在着这样那样的问题，整个环节中的各方，怎么可能主动地去记录和展现其在生产、流通、加工中不安全、不规范的那一方面呢！那既然这样，追溯是不是就没有意义了呢？

3.越来越多的人意识到追溯是要建立信任

这就让我们想明白了这样一个事实，即追溯本身解决不了农产品质量的安全，其能解决的是追溯参与各方之间的信任问题，即你可以选择不信任，你也可以选择信任。农产品质量安全监管和追溯是相辅相成的，其中更多的工作是需要监管部门、执法部门去实施的，而质量追溯一头连着生产者，一头连着消费者，其目的是建立一种联系，实现信任。这种信任不是为了信任而信任，而是要让生产者和消费者通过这个平台、这个渠道建立起信息分享、交流互动和监督建议。

四、农产品质量追溯认识的僵化思维

如果去看中国知网这样的期刊知识库，很多学者都在研究和论述农产品质量追溯的方法，文章观点也大体雷同，但如果去看互联网上知识社区自由的讨论，以及听听我们周边人群的议论，大家对农产品质量追溯的认识是非常不一致的。下面就来举例说说那些比较僵化的思维。

1. 忽略了消费者的认知

追溯的二维码是要给消费者看的,所以追溯应用不管是形式还是内容一定要符合消费者的习惯和认知。但在以往的追溯平台中,更多的是站在农业部门监管的角度,站在农业科研院所科研的角度,站在IT行业从业者信息技术的角度,这自然很难被消费者所接受。

2. 信息技术解决数据准确

不少人想当然地认为,信息技术可以解决农产品质量安全追溯的问题,让追溯记录更加可靠,包括近年来提出的区块链的概念,让记录不可篡改。这样的思维是有问题的,农业生产不是工厂化生产,很多环节的信息记录是很复杂的,即使你用信息技术手段去实现了自动记录,但其成本高昂,况且很多数据是当前的信息技术无法记录的,以后也不可能。这种思维的可怕之处还在于,开发了相关平台,安装了一些软硬件,当不能有效地采集数据时,原因会归咎于生产者,是生产者不配合,所以造成数据不全或不连续。最后这样的平台都是不了了之。这里有一个有趣的问题,当你在中国知网这样的文献数据库里去查询有关追溯的研究时,可能会很失望,因为你更多看到的是大量的学者在这里阐述他们的成功案例,他们大多是从信息技术角度去研究这个问题的。而相关一些知识社区如贴吧、知乎这样的平台,你反而可以看到一些发自内心的讨论。

3. 忽略生产源头数据采集的复杂

我们虽然一直在强调农业生产的标准化,但熟悉农业生产的都知道,这里面的过程还是挺复杂的,如何把这些复杂的东西梳理出一些利益关系与消费者密切的,并通过追溯记录下来,这需要沉下心来仔细研究。但如果没有条理没有逻辑地一股脑儿设计然后去记录展现,是很难获得成功的。不同地域、区域、气候、产业等差异性较大,我们不能拿同一套的理念、思路、模式和方式去搞追溯,必须要把追溯分为不同的对象来进行设计,后面的章节中会详细介绍这方面的内容。

4. 忽略追溯与整个产业链的关系

追溯不是生产的一个工具和手段,也不是简单的农产品质量监管的一个指标,因为其一端连着生产者,一端连着消费者,这中间还有监管部门、流通商以及很多的利益相关者,所以需要考虑其与整个全产业链的问题,包括要关注整个农产品产业的商业生态,这样不管从监管角度、产品宣传角度还是销售行为角度,都能够借力。显然当前的很多追溯平台很少考虑这些问题,没有把这作为一个服务体系来研究应用。

五、当前农产品质量安全追溯应用的几类弊端

百度上查找,从事农产品质量安全追溯服务的平台和商家以及各种各样的案例有很多,大家都在做着不同角度的尝试,但纵观当下形形色色的农产品质量安全追溯,坦白来说,问题多于成效。以下列举一些主要问题与现象。

1. 太过简单

不少追溯码扫了之后显示的是企业网页、名片、微信公众号或者是电商的平台。当然某种程度上这也算是一种追溯,通过卖出去的产品上二维码的扫码,追溯到了具体的生产者。但大多时候,这样的追溯起不到什么作用。由于所提供的内容太过简单,反映不了特色,其效果有时还不如产品的外包装吸引人。

2. 太过复杂

有一些追溯产品称自己为最全面的追溯,把整个生产流程详细地进行了记录,信息内容十分丰富。这就造成了几方面问题,一是没有可复制性,不是每一个用户都愿意这么干;二是不持久,信息的更新做不了,久而久之,也就成了摆在宣传台面上的过去案例;三是效果并不理想,消费者对这些内容也不感兴趣,同时也未必信任。

3. 太过专业

有一些追溯把农业生产中一些专业的做法,一些专有的名词等进行表现,作为自己的内部记录是可以,但为消费者展现,就显得有点生硬。如果是一份有说服力的检测报告还可以,但如果是生产性记录,则对消费者的认知是一种压力。不能被他们所理解、接受就缺少兴趣,因为较大部分消费者是不懂农业专业知识的。

4. 成本太高

追溯应用的成本高，是一个最为突出的问题，很多生产者一听到追溯，首先要问需要花多少钱，这是他们最关心的。农业生产的比较效益低，如果再叠加较高的成本，就没有使用的动力。同样，他们关心的是，用上这套追溯系统之后，能不能把东西卖得更好了，价格往上提一提，但很多时候，这个答案又是否定的，我们主导的那些追溯不能激起消费者的兴趣，自然在市场上能起到的作用又是微乎其微了。缺少了收益的溢出效应，提高成本的追溯应用就难以推行。很多政府和从事追溯的互联网企业，把追溯应用搞复杂了，复杂系统的开发、物联网设备购置和安装、烦琐与复杂的数据记录导致人力成本支出增加，所有这些加起来，让追溯应用的门槛就变得太高。

5. 不便应用

使用的不方便让追溯的应用更加艰难，很多的追溯强调生产记录，但对于生产者来说，生产记录记在纸上容易，要一点不漏地实现数据信息线上化，就有点难为他们了。同时我们试想，如果是一些肥药等化学品投入，确实很有必要，但如果像浇水灌溉、深翻拔草这些的信息也要记录并展现给消费者，对生产者的挑战以及长期坚持，是多么的不现实。

6. 缺乏互动

目前较多的追溯，在内容上都是偏向于自我介绍，是一种单向的信息灌输，对消费者的吸引力较弱，相比而言，还不如一些电商平台，电商平台除了产品的完整介绍外，还能找到其他购买者的评价互动信息。消费者会想，这些条条框框的信息为什么不能认为是按你的想法录进去的呢？所以形成互动就显得非常重要。

7. 多重监管

仅在政府层面，监管农产品质量安全的部门就有很多，大家都在从不同的渠道和角度进行农产品质量安全追溯平台的建设，这就造成了重复建设，每个部门能掌握的各个环节的信息又不全，彼此之间协调差、追溯信息不能共享等问题突出。比如说商务部可以掌握蔬菜从批发市场、肉类从屠宰场以后的所有流通环节信息链条，但是对于生产源头的信息获得主要是农业农村部掌握的，这样易出现信息孤岛和追溯工作不连续等一系列问题。同样目前在推的合格证制度，在一些地方出现了农业部分很积极，但市场监督管理部门不积极，农民拿着合格证进到农贸市场，市场监督管理部门不索证，不检查，下次再让农民履行合格证制度，农民就不愿意了，这就造成了追溯链条的断链问题。

六、农产品质量安全追溯中的安全与信任

安全与信任是农产品质量安全中的两个主要关键词，如何处理好安全和信任的关系，是农产品质量安全追溯应用成败的关键。

1. 生产者自证安全以获得信任

农产品生产出来了，生产者通过追溯记录告诉流通者或消费者产品是安全的。试想，如果生产者告诉消费者或流通者，产品是不安全的，有谁会买单呢？这就形成了一个可笑的逻辑。即靠自己的自证安全以获得消费者或流通商的认可。这是有问题的，应该有第三方参与，要么是政府等监管部门的检查结果或授予一些农产品质量安全相关的证书，要么是消费者或流通者多角度参与，像流通者给出生产标准以及生产过程中的监测和检测，消费者实地参观或参考别人的评价。

2. 消费者或流通商们参与安全监督并共建信任

在生产者解决安全追溯问题的过程中，有消费者等利益相关者参与，从而形成了对安全的信任支撑。但我们大多时候是缺少这种机制的，更多的是上面这种想法。从经济学上来说，有了信任，有了用户群，生产者在从事生产时心里就更有底，有些甚至在一开始就拿到了部分或全部的生产资金，典型的如一些生态农场的会员制。其实这些机制在农业生产中比比皆是，但总的来说，没有很好地结合到追溯的模式之中。

七、农产品追溯危中有机

农产品质量安全追溯看起来问题很多，但在当下农业产业的社会生态

之中，我们还是有很多好的机遇。

1. 会员农业

会员农业是农产品质量安全追溯的条件基础。因为会员农业的基础是信任，生产者与消费者（或流通者）通过合约以及履约的过程中产生相互信任机制，而追溯则是为这种信任增添了一个平台和一条沟通渠道。这里面有一个关键问题是，发生直接利益关系的双方一旦信任达成，这个环节中参与的其他方都是服务方，不是利益方。举一个最简单的例子，如果生产者和消费者形成信任的购买关系，那么物流即快递员，在这其中就不会影响农产品本身的质量安全，因为其在这中间只是提供了一种价值明确、服务要求清晰的第三方服务而已。

近年来会员农业逐步形成并不断得到发展壮大。大型超市从生产基地形成农产品订单，大型采购商与生产者形成合约，城郊农场与城市居民形成会员供菜，机关单位向一些蔬菜基地稳定采购等，还有一些对果树、畜禽、稻田、菜地等的认养机制。这种形成长期买卖合约或默契的关系，就是当下我国会员农业的重要组成部分。应该说会员农业中一部分是严格的一对一的固定客户关系，还有很多是不稳定不固定的客户关系。比如一个草莓种植户，可能和某个水果门店或采购商签订合同，确定供货关系和质量，也可能和某个有时来有时不来的采购商老板合作，但总体上来说已成为一个重要的客户。当然，当下的电商和直播卖货，也是形成了一种会员农业的关系。消费者对你信任，你对消费者就有更多的责任，一方面促使你坦诚地与消费者交流展现你的生产过程，另一方面也会私下里去尽快解决自己遇到的一些安全风险问题，谁不想把普通用户都发展成长期的黏性用户呢？

2. 消费分级

消费分级是农产品质量安全追溯应用的重要推手。正是因为消费分级，消费者对农产品质量安全提出了更高要求，同样是长得差不多的苹果，为什么这种比那种价格要贵这么多，消费者就会好奇并去了解其中的缘由，这为追溯提供了存在且需要不断丰富的价值。随着生活水平的提高，大家开始追求生活品质，对农产品的关注也是由量转变到质了。质包含的东西很广，比如安全品质、外观品质、口味品质、营养品质，以及近年来逐步被重视的文化品质,这也包含很多,比如食物生产本身的科普、产地环境与生态的欣赏与知识分享、生产者或农人的农俗与民俗文化、生产者的生态农业情怀与理念,等等。而在以往,消费者要么更为主观地相信国家的法律法规对农产品生产的管控,要么听天由命,而由于缺少价格的敏感性,因而对追溯没有太大的兴趣。

消费分级是生产者应用追溯的重要机会,正是因为对生产有了更多的了解,消费者根据各自的爱好,各取所需,在追溯形成的分级分类中更科学地选择农产品,让消费更精准,减少不必要的浪费。

3. 社交传播

社交传播为农产品质量安全追溯内容的传递提供了一种重要的社会氛围。我们细想,为什么直播带货能一下子卖出去农产品,为什么一些社交媒体上的视频软文、社交电商中的社区团购等能一下子卖出去农产品,是谁给其质量保证了吗?不是,是社交传播的力量。因此,社交传播是农产品质量追溯的机遇,但如果农产品质量追溯不利用社交传播,那它就很难成功。

社交媒体与社会化服务为人与人之间提供了更多的传播与信任连接。社交媒体与社会化服务是一种社会生态,追溯如果着眼于相互间信任这个主题来开展的话,那就必须和社会生态进行结合,才会有更广阔的应用市场和前景。社交媒体与社会化服务用一种很简单的方式把信息在各类人群中进行了无差别化的传播,而追溯也应是信息的传播与分享。这就涉及追溯的内容了,应该是适合传播的信息,而不是很专业很难懂的信息。

农产品质量安全追溯是一个社会化服务产品,其一头连着生产者,一头连着消费者。生产者与消费者都是典型的社会人,因此,在接受和享受社会化服务时,都必须和当前的社会生态相融合,这个系统或平台才会有人愿意用,能用得起来,用得好。反之,不符合生产者和消费者的使用习惯和价值取向,则很难发展和生存,这也是当前诸多农产品质量安全追溯平台水土不服的重要原因之一。

4. 电商消费

电商消费为农产品质量安全追溯建立了直接的权责关系。农产品电子商务在农产品交易中呈现不断扩大和覆盖性趋势,我们习惯于网上买东西,网上购物的比例越来越大,不管是线上对产品的描述,其他消费者的评价、包装、派送、售后服务都越来越符合我们的消费习惯。现有的电子商务生态中,无不体现了追溯的一些形态,拿淘宝、京东等来举例,从农产品提供者来说,淘宝和京东记录了其业绩和信用的成长轨迹,在这个过程中,连续形成了消费者对产品提供者的评价和认可历程。当消费者看上某件农产品时,首先会查看该产品的信用等级,然后则是评价详情。由于生产者或农产品提供者在一定的平台规则框架内,在没有外部干预下,无法篡改来自消费者和平台等的社会化评价,不能为生产者或产品提供者左右,因此,追溯信息的真实性得到了保证。

追溯与电商的相连,也让追责机制更容易得到落实,退货、退款、赔偿、罚款、下架等平台可以给予第三方的处理手段保证了公平公正。当然,电商平台也为追溯的应用提供了很好的信息交流与分享。

八、国外农产品追溯的发展

农产品质量安全追溯的概念和做法是从西方发达国家引进的。总体来说,也是为了从田头到餐桌的透明。应该说农产品质量追溯是基于农产品质量标准体系和监管体系(包括法律法规)的基础上发展起来的。换句话说,如果农产品质量标准体系和监管体系做得好,基础牢,那追溯体系才会做得好。反之,像在一些发展中国家,农产品质量标准体系和监管体系尚未建立,那就无从谈追溯了。

1. 欧盟的追溯体系

发达国家的农产品质量安全体系其实和我们也一样,经历过一段艰难期,直到慢慢形成相关法律、标准、规范并得到市场、消费者和行业认可。早在1991年,欧洲就建立了《欧洲有机法案》,要求所有地块需要建立肥料、农药等的使用信息档案,用来监控有机农产品的生产过程。这和我们国家现在对有机食品、绿色食品等的管理要求是一致的。到了2002年,要求上市销售的牛肉产品必须具备可追溯性;到了2005年,要求欧盟境内的农产品都要具有可追溯性,产品需要加贴追溯标签。总体来说,农产品质量安全的追溯在政府的管控下有序进行。

2. 美国的追溯体系

2002年,美国提出了"从农场到餐桌",要求所有企业尽快建立可追溯制度,开展生鲜农产品追溯行动计划,推动在大型集团企业实施基于GS1编码体系的追溯信息管理。2003年,要求在年底前,国内外从事生产、加工、包装和掌握人群或动物消费的食品部门必须向美国食品药品监督管理局(FDA)登记。2004年要求所有食品企业在运输、配送、进口的过程中保存食品流通的全过程信息数据。2011年提出了动物疾病追溯规划,专注于采用标识来监管跨州畜禽贸易。2013年成立"全球食品追溯中心",着力整合和统一企业、政府、学界、消费者等各方力量共同推动追溯在食品供应链系统的合作。

3. 澳大利亚的追溯体系

澳大利亚在2002年开展畜禽标识计划,对动物个体从出生到屠宰的全过程实现追踪,全国境内所有牛都使用统一编码外形的内置感应芯片耳标,存储信息不可改变,澳大利亚把追溯的重心放在肉类品上。

4. 日本的追溯体系

2001年,日本在肉牛生产体系中建立并实施追溯系统。2002年起在大米、牡蛎产业实施追溯系统。2003年强制全面推行牛的追溯。2004年鼓励农业生产者记录生产过程并向消费者公开。2006年针对蔬菜、肉类等农产品,消费者可以查询产地、生产者、农药使用等数据信息。

5. 韩国的追溯体系

韩国2004年开始农产品追溯试验项目,涉及蔬果、稻米、牛等32种产品。2006年开始全面推行农产品追溯计划。2008年全面实施牛的追溯,在推广RFID系统对牲畜进行标识的同时,还将DNA检测纳入了追溯体系。

6. 发达国家的社区支持农业体系

总的来说,发达国家的追溯体系多是建立在农产品标准体系和监管体系之下政府主管的一种信息管理。而绝大部分的消费百姓参与感很弱,这主要是政府去监管生产者特别是企业的一种手段，其实还是在原有的监管上多了一些手段，或者说是丰富了监管的方式方法，而消费百姓对此采取了默认和认可。

另一方面，在政府主导的食品追溯监管与追溯外，一种生产者与消费者共同参与式的食物安全保障体系也在运行，而且逐步影响到我国，在一些大城市或发达地区的城郊迅速得到发展，这就是社区支持农业（CSA），某种程度上也是食物安全的文化，消费者参与到生产者的农产品生产过程中，从而形成了相互之间的信任，而食物的生产与供应就是基于这种信任机制而运行的。

九、我国农产品追溯的历程

我国作为农业大国和人口大国，长期以来，除了高度重视食物的数量安全外，也长期重视质量安全。但总的来说，相对于国外主要农业发达国家，我国农产品/食品的追溯体系制度的建设起步还是较晚，即使在现在，应该说还处于初级阶段。

1. 管理机构

2002年12月农业部成立了农产品质量安全中心，2010年2月成立了食品安全监管最高权力机构国务院食品安全委员会，根据新的机构调整，其具体工作由国家市场监督管理总局负责。目前食品的安全，由农业农村部、国家卫生健康委员会、国家市场监督管理总局、商务部等十多个部门共同负责。

2. 政策法规

2015年10月1日正式实施的被誉为"史上最严厉"的《中华人民共和国食品安全法》，其中第四十二条规定：国家建立食品安全全程追溯制度。食品生产经营者应当建立食品安全追溯体系，保证食品可追溯。目前该法正在进一步修订。国家鼓励食品生产经营者采用信息化手段采集、留存生产经营信息，建立食品安全追溯体系。最近几年，在一些中央文件精神中，追溯也多次被提及并要求。在一些标准规范方面，农业部于2007年发布了《农产品追溯编码导则》《农产品产地编码规则》，2009 年发布了《农产品质量安全追溯操作规程通则》。2015 年 2 月国家施行了修订版《商品条码　128 条码》。2016 年出台的《关于加快推进农产品质量安全追溯体系建设的意见》对农产品质量追溯的总体要求、主要任务、推进思路进行了安排。2017 年 6 月建成的国家农产品质量安全追溯平台（简称国家追溯平台）开始上线试运行，并配合出台了《农产品质量安全追溯管理办法》。

3. 追溯推进

在农产品 / 食品的安全追溯推进工作方面，早在 2004 年当时的农业部、食品药品监督管理总局、商务部、国家质检总局等就开展了农产品质量安全可追溯体系的试点工作。农业农村部有进京蔬菜产品质量追溯制度、城市农产品质量安全监管系统试点工作、农垦农产品质量追溯展示平台、动物标识及疫病可追溯体系（牲畜耳标标识计划）、水产品质量安全追溯网等。此外还有商务部的肉菜追溯系统，中国物品编码中心的食品安全追溯平台，国家市场监督管理总局的国家食品（产品）安全追溯平台以及各个省市的追溯系统，总量不少于 100 个。早期的追溯更多的是以网站查询形式为主，近年来逐步过渡到二维码扫描，手机 App 或微信小程序应用等。当前我国农产品追溯的主要做法是政府进行试点，鼓励企业参与，企业内部实施，通过平台展现给消费者，在政府层面有专职的监管部门来负责运行。但总体来说，运行并不理想。

4. 重点突破

为加快推进农产品质量安全追溯管理，在 2018 年的全国农业工作会议上就要求将农产品质量安全追溯与农业项目安排、品牌认定等挂钩，率先将绿色食品、有机农产品、地理标志农产品纳入追溯管理。此后农业农村部印发了《农业农村部关于农产品质量安全追溯与农业农村重大创建认定、农业品牌推选、农产品认证、农业展会等工作挂钩的意见》。应该说这从政府层面上做出了具体的要求。现在各个地方也在推行农产品合格证制度，基于合格证制度而建立追溯体系，各个地方也正在试点研究中。

第二节 为谁追溯

做好农产品质量追溯,要明确我们到底是为谁追溯。当然,通常我们觉得一定是为消费者而追溯,其实不尽然,消费者是最重要的对象,同时产业链中的其他对象也很重要,这就需要我们在设计和开发追溯系统和平台时,照顾到相应的多方的诉求。

一、梳理生产到消费的逻辑关系

如今,在农产品的全产业链中,存在着多种多样的形式,分析这些形势,有利于梳理从生产到消费之间的逻辑关系。

1. 简单关系:生产者—消费者

在这样一层关系里面,消费者直接从生产者手里或土地上获得食物,或生产者把食物送到消费者手中。典型的如社区支持农业、采摘农业、认养农业,以及线上线下交互发生的电子商务等。例如,你经常在一个果园里买桃,老板说,下次你要不方便就甭直接来了,在我的淘宝或天猫或微店的店铺里直接买吧,一定按你的要求给你发过去。这样的一种生产者与消费者的关系,在三线城市或县城、大城市郊区等,成为常态,也是对于大流通、强加工的商品的信任缺失所造就的。这也是前面所说的会员农业的重要形态。

在交通和信息发达的今天,我们平时的出差旅游活动中,也会经常接触到各种生产者,在感受了环境和生产过程后,也很容易自然地成为他们隐性的会员用户,之后虽然少有可能继续前去,但这种消费关系已然存在,通过电商或微信等方式建立买卖关系。在这一简单关系中,我们仅需要生产者把和产品生产相关的信息动态传递给消费者,消费者对此作出评价或回应,就完成了一个追溯的逻辑关系。

2. 复杂关系:生产者—流通商—加工商—零售商—消费者

我们日常生活中获得农产品的手段,更多的是通过复杂关系获得的,从生产者手里要转好多手，才能到我们手中。当然这里面有两个问题，一是到我们手中的并不是生产者提供的东西，被调了包；二是到我们手中的本身挺安全的东西，但在这一过程中被加入了不安全的东西，比如流通储运和加工过程中一些不安全投入品的添加。这种复杂关系，当然有时并没这么复杂，比如有些是没有加工过程，只有流通商的传递过程。

我们对复杂流程的监管，产生了追溯的需求。简单地去理解，就是各个参与方如实地提供信息，然后形成信息链，由管理者监管，最终提供给消费者。

二、从兴趣到信任再到信赖

如何建立信任的机制，从生产与消费的关系来说，一个好的追溯，需要建立起生产与消费之间的兴趣到信任，再到信赖的过程。这也是一个追溯系统所应包含的功能。

1. 兴　趣

兴趣是人认识某种事物或从事某种活动的心理倾向，它是以认识和探索外界事物的需要为基础的，是推动人认识事物、探索真理的重要动机。每个人对食物的喜好不同，认知不同，但有一些东西是相通的，比如说好的环境生产出好的产品，科学规范的管理生产出好的产品等。

兴趣是消费者在追溯过程中对农产品的第一印象，也是最为关键的。因而，如何让消费者感兴趣尤其重要。这也是很多广告、软文、代言等重点攻入的方向。对于追溯也是一样的道理，当我们兴致勃勃地扫了一下二维码，我们希望看到惊喜，但如果只是条条框框的信息告知，和包装箱上并无二样，我们得到的更多是失望。

2. 信　任

信任是相信对方是诚实、可信赖、正直的。在农产品交易中，信任的产品源于产品的生产过程透明、监管到位，产品安全检测和用户口碑与信用值的累积。信任是对生产者良心的认同。那么基于这些要求，仅凭冰冷的数据是远远不够的，一方面应是生产者的一种主动表达，另一方面需要和消费者实现互动并受到检验及释疑。

3. 信　赖

信赖是长时间的相处后，对彼此的一种信任和依赖，你可以向他（她）袒露心迹，也可以把你的幸福和快乐毫无防备地告诉他（她）。在农产品追溯中，是一样的道理，生产者与消费者之间并不只是交易关系，相互之间形成了一段时间的客户关系之后，就需要更多的交流，把对产品的一些感受、疑惑等传达给生产者，而生产者也把生产的辛劳与成就感，生产中的惊喜与收获的喜悦等传递给消费者，此外，双方之间还应进行一些科普性的交流。信赖是对生产者产品的黏性与依赖性。从会员农业角度来说，属于老客户了。从大品牌农产品来说，慢慢对某个产品就形成了信赖关系。

三、生产者需要应用追溯服务

追溯的直接使用者是生产者，显然追溯是对生产者提供的一种服务。经常有人说，生产者不喜欢用追溯，不愿意用追溯，那主要是没有站在不同生产者的立场上来考虑追溯的设计与应用。

1. 是让他证明还是对他监控

一个好的追溯系统或平台，是生产者管理生产与宣传产品的重要工具。如果我们只站在管理者的角度，把追溯平台当成一个对生产者监管甚至监视的平台，那很多的生产者肯定心里不愿意，会去抵触，或者寻求各种逃避监管的方法，因为事实上，对于农产品而言，这种监管与监视常常很难奏效。

如果我们改变监管的视角，把追溯作为生产者证明自己产品安全优质的工具，那生产者肯定就是另一个态度，而平台的运维者或管理者只需要去把控并通过相关手段去分析这种证明的合理性。需要说明的是，这里并没有否定管理者对追溯流程的监管必要。

2. 从自卖自夸到帮他证明

绝大多数农产品的生产是在相对自然的条件下进行的，而大部分农产品消费品都是初级产品，在乡村振兴、绿色发展、创新创业号召下，越来越多有情怀的新农人开始生产生态农产品，他们中大多有着生态的理念和良好的自我约束力，有着服务消费者和社会的强烈愿望。站在他们的角度，为他们做好服务，既是追溯平台的商机，也是追溯平台的责任。

新农人踏踏实实开展生产，他们愿意全方位地提供产品生产与安全保障的数据与信息，如果追溯应用平台成为帮他证明的一种重要手段，那将有助于这些生产者们把生产过程信息以更好的形式更广的范围传递给消费者和社会。

可能有人会担心这些人会只挑好的说，隐藏不好的方面。但事实是，既然已成平台，就会有更多双盯着的眼睛，更多的逻辑关系，更多的分辨手段来解决这些问题。

3. 生产者中的农资提供者

农资提供者，特别是化肥和农药以及一些生长调节剂，其实也有其产品本身追溯的需求，特别是一些环境友好型的肥与药产品。通过其生产的过程，通过数据和事实证明农资产品的安全性和有效性。狭义的生产者只是食物提供中的一个环节，比如草莓的种植户。与之相关的还有很多环节，比如生产中使用的有机肥。草莓是在一种有机或准有机的管理下生产的，但提供的有机肥是不是有机的呢？会不会是滥用抗生素等条件下鸡场的鸡粪制作的呢，这就需要追溯的延伸。现在有很多从事投入品生产的企业也在考虑开展产品的追溯，生态药、有机肥等作为重要商品销售给生产者，为了让生产者放心和安心，对其进行必要的原料及关键环节追溯也是目前需要考虑的方面。再比如加工和流通环节，一些有责任的商家和企业也希望通过追溯来自证清白并提高产品的口碑。

四、消费者需要体验追溯服务

显然，追溯归根结底还是对消费者的服务。让食物的产地透明、渠道透明，从而安心消费，这是追溯的本意。

1. 要有服务消费者的意识

让追溯服务于消费者，大家相对研究和思考得少，但是这个研究非常重要和必要，因为食物的最终受益方是消费者。如何从消费者角度看追溯，现实的社会生态给了我们很多的参考，比如消费者希望亲身体验，从而形成周边消费的会员农业，比如朋友圈和抖音等长期互动形成的信任关系，这些都能成为消费者买单的触发点。从消费者角度，为消费者服务的追溯一定是消费者能看得懂，符合他的阅读习惯的内容。

2. 要让服务满足消费者

有好多细心的农产品电商，在介绍产品本身时，会给予一些食用的建议，烹调的方法，食物的搭配，这就是对消费者需求的极好满足，而追溯也应细心地考虑到这些方面。西方发达国家在做有机农产品的追溯服务时，很早就考虑了这些内容服务。

五、大企业需要掌控追溯过程

信息技术在企业中的应用特别有市场，主要是帮助企业加强了数字化管理，同时与外界实现对接，追溯也是同样的道理。

1. 数据有助问责到人

对于企业而言，追溯是对每个环节的记录，这样当最终在消费端或流通端发现问题之后，通过这些数据记录的追溯，包括通过一些设备自动的记录，有利于帮助企业快速发现问题，追查到相关的责任人。

2. 数据有助了解市场

很多企业的追溯反映到消费商品上都是二维码的形式，消费者可以去验真，可以了解产品的生产过程，也可能与生产企业进行互动，这是企业了解市场、了解消费者的极好机会。

六、流通商需要掌握追溯服务

流通商肩挑两头，任何一头出了问题，对于流通商来说都很麻烦。因此，他们迫切需要农产品质量安全的追溯服务。

1. 数据把控货源质量

流通商对农产品质量的严格、放心把控，是其生意能够有效运行的根本。他们除了收购时对其产地的简单了解外，同样更希望了解生产过程中更深层次的东西，一方面能做到自己有数，另一方面也是对消费者宣传的语言素材，以数据为基础的宣传素材。

2. 数据获取消费信心

流通商希望为他们的老客户和新客户提供安全、高质的农产品，这样客户就更为黏性，同样，消费客户的产品反馈，对流通商去开拓新市场，布局新的产品品类、特色，又是极好的数据支撑，从消费者那头获得的追溯反馈至关重要。

七、政府部门需要管控追溯服务

近年来，对于农产品安全、农业生态，从中央到地方都极为重视，对农产品违法行为实行零容忍，自然，掌控追溯过程及数据，是政府部门重要职能和业务方向。

1. 自己动手、直接掌控

对于农产品质量安全追溯，政府部门选择了自己动手，尤其在一开始推行的时候，在中央层面，各个与农产品质量相关的部委都形成了自己的追溯平台，重点针对垂直监管的用户，比如发证的生产者或企业等实现强制追溯要求，省级地方部门也同样建立起了一系列的平台来推行农产品质量安全追溯。但由于生产用户的复杂性和数量的庞大，有小生产者也有大企业这种超级生产者，政府部门有时监管不过来，因此，后来也呼吁整个社会都参与农产品质量安全追溯的服务。

2. 发挥大数据的作用

作为政府，还有很多的手段来进行农产品质量安全追溯的间接监管，比如利用大数据进行舆情监管，从舆情上追溯问题的源头，进行精准处理，同样也可以去对接一些社会化追溯平台的数据，掌控农产品质量安全的一些节点性问题，比如农资投入品等。

3. 地方农业管理部门要学会把追溯变成地方产品宣传

对于地方农业管理部门，特别是县级农业政府部门，除了进行农产品质量安全的追溯数据监管外，不应只单纯地考虑去做好管理，把控安全，还要想到行之有效的追溯正是产业与产品对外宣传的极好机会。因为掌握了数据，靠数据的宣传肯定要比表面宣传更能深入消费者和市场从业者内心。

八、平台需要追溯大数据

追溯是生产到消费全过程数据的采集、记录、表达、反馈等的复杂过程，新互联网时代，数据至上，作为无生产和消费利害关系的平台，他们同样需要运转追溯服务。

1. 对消费的引导

不同于电商，追溯大数据从生产到消费全流程地进行了数据的整合与分析，对消费者而言，可以起到帮助精准消费的目的，根据产地、口味、口碑等需要与偏好，实现定向地购买，减少浪费。当然平台还可以给予更多的指导性服务，给消费者更多的指引。平台有可能是像农业科研单位等中立性的平台，也可能是一些电商性的社会化商业平台，二者各有利弊。

2. 对生产的决策

消费者在全产业链中深度的参与、线上的反馈是生产者决策的重要支撑，基于消费端、基于同行、基于流通市场、基于行业内的第三方评价，是生产者布局生产规模、调整产品品类、改良生产技术、创新宣传模式等的重要指引，而平台在获得追溯大数据之后，需要为生产者提供这些有价值的服务。

3. 对社会的知识服务

新闻报道里的"生态"概念，常常更多出于一些媒体从业者的笔触，有些虽然也根源于专业人士，但却也经过了媒体自己的解读，难免太过宏观，甚至有时出现偏颇。平台掌控下的追溯大数据，是基于点滴数据汇集分析成的知识，这种知识服务更为客观，是以数据为支撑的，不是脑子里的主观判断和道听途说，基于追溯的大数据，更有利于平台实现对社会关于生态、营养等的农产品知识服务。

第三节 如何追溯

明确了追溯目的和追溯应用的对象之后，我们再来谈谈具体该如何去搭建追溯的平台和设计追溯的应用。

一、由谁搭建农产品质量追溯服务平台

由于农产品生产者以及从生产到加工和流通的复杂性，农产品质量安全追溯平台目前的搭建主体很多，各有各的角度。

1. 与农产品相关的政府管理部门

显然，农产品生产与质量安全的监管部门享受重要的监管权力和应承担的监管责任。不管是发放或评定的农产品质量等级、证书或是品牌，以及为了社会大众的食品安全，其都希望能够加以追溯监管。在当前实践中，政府管理部门主要针对授予一定资质和品牌等的生产主体进行监管，如绿色食品、有机食品、地理标志产品，同时也在积极推行广大中小散户生产者的合格证追溯制度。

2. 为政府服务的行业管理组织

不管是协会、商会还是联盟，以及其他形式的行业组织，相对政府部门而言，或许监管权力和责任要小一些，但其在建立之初，就奔着行业号召力、影响力和社会责任而去，行业管理组织拥有大量的生产、流通和加工的企业及个体用户，食品安全以及追溯显然是关注的重要方面，对于他们而言，来做追溯这个事有着较强的动力，也是为政府部门而做。

3. 有农产品专业话语权的科研或教育机构

农业科研单位和大学具有其他任何主体比较不了的优势，那就是更专业，就如我们常听的"听专家说"。像中国农业科学院、中国农业大学以及很多的地方性农业科研机构和大学，作为第三方，有较强的公信力，与

政府不同的是，这些单位有专业话语权。

4. 大型农业企业

一个行业内的大型农业企业非常愿意通过自己的力量，把自己的标准化生产、安全的技术支撑、严格的流程管理和出色的产品质量全流程地提供和分享给消费者。虽然从产地到消费者手中，经过了很多的环节，但作为一个大型企业，所有这一切都在掌控之中，站在企业的角度，各个环节的数据产生以及记录基本都是现成的，出了问题能够快速地追溯到需要负责任的人，那么企业需要做的就是站在消费者的角度，去筛选他们关心的、易理解的信息内容并形成互动，达到消费者对产品信任的目的。这种通过自动化办公的监管方式，获取生产与流通的数据，既是自身需要，也是消费者需要。

5. 从事涉农产品的行业大电商

电商无论是从生产端还是消费端都积累了大量的用户及数据，从消费端而言，基本上都是直接消费者，从生产端而言，一部分是直接生产者，一部分是流通采购商，不管如何，电商在生产者与消费者之间建立的是消费信任的关系。如果在这种原有的消费信任关系的基础上，能够提供更多透明的数据，那么信任就会升级为依赖，就是常说的"老顾客"了，所以说行业大电商们也是热衷于质量追溯的。目前一些龙头企业和行业协会出于经营管理需要和企业整体形象，建有内部追溯系统，一些大型商超、电商，如沃尔玛、京东、淘宝、永辉、每日优鲜、盒马鲜生、超市发、大润发、京客隆、苏果等也建立了自己的农产品追溯系统。

6. 涉农产品社交的互联网企业

互联网社会化服务企业所建立的平台，拉近了人与人之间的信息联系，由此产生了连续的信息分享与交互，也就是我们常说的关注和粉丝。比如针对生产到消费的简单逻辑关系，现在的问题是，产品安全性没有监管，只有直播的吸引和粉丝的被吸引或是冲动。要去完善这一环节，建立真正的粉丝信任，就需要互联网社会化服务企业去承担农产品质量安全追溯这一职能，通过他们提供准入制度，从而为生产者与消费者间搭建一个基于数字和信息的追溯信任平台。

7. 技术型互联网企业

技术型互联网企业嗅到了这其中的商业味道，因为任何的追溯平台都需要设计开发，很多企业以此作为自己的发展方向，市面上也有很多企业提供着农产品质量追溯服务。

二、不同目标造就不同追溯形式

目前市面上的农产品质量追溯形式有很多，很多人由于对追溯的目的不够明确，常常在追溯平台开发时抓不住重点，导致平台运行维护成了花架子。显然，站在不同的角度，就有不同的目的，就需要不同的追溯表现形式。同样，不同产业形态对追溯也有不同的要求，不同的生产或消费群体对追溯也有不同的要求。可见，在这个"互联网+"社会化服务的时代，追溯一定不是一种形态出现。在这里，我们把它分为政府监管型追溯、企业管理型追溯和社交信任型追溯。社会上也分为政府主导型、企业自建型和第三方认证型，其实大体意义差不多。

1. 政府监管型追溯

前面说过，政府是农产品质量安全追溯的最大责任主体，因此，站在政府角度，最大的责任就是监管。这就诞生了农产品质量安全监管中最主流的一个类型——政府监管型追溯。政府监管型追溯是体系化的，要求是自上而下的，只有把各个环节扣牢了，才能在出现农产品质量安全事件后，找到责任人。政府部门自上而下要求，生产部门自下而上配合，这是这一类追溯的正常流程。这里面最容易实现的就是政府可直接管辖的那一批生产者，如政府管理部门授予相关质量安全标识的企业，比如说"两品一标"，即绿色食品、有机农产品、农产品地理标志，还有比如良好农业规范（GAP），以及质检部门、商务部门等授予的一些安全性标识。对于这类农业生产主体或企业，本身从管理层面上，在申请认证时，就有着明确的规范和要求，必须按照这个规范和要求进行生产并记录，追溯的要求是把这项工作进行强调和强化以及规范，比如说将记录由线下转到线上。

2. 企业管理型追溯

政府监管型追溯面向的对象很宽,是站在整个社会的食品安全角度上来考虑的,又是从其可操作的领域开展行动。而企业管理型追溯就完全不一样了,它只需要为自己。特别是一些大的农业企业,形成了从生产基地到产品加工、精深加工到流通、销售网络然后到消费者手中。自己的产品,自己的品牌,自己的客户,形成了一个整体的系统,管理这个系统的就是数据体系。他们有着最好的实现追溯的基础,比如规模化的基地、标准化生产、有素质的产业工人,办公自动化管理的监管体系和流程数据记录,广大的品牌影响力下的消费客户,应该说是万事俱备。国内很多的大品牌企业近年来也纷纷建立起自己的产品追溯系统。

3. 社交信任型追溯

政府是为了责任要去监管,企业是为了自己的产品质量要去管理,而更多的中小生产主体,由谁来负责他们的农产品质量追溯?显然,对于这部分来说,强制记录不可行,自己投入更不可行,就得结合社交和电商来考虑这个问题。社交遍布于每个生产者和消费者手中,电商同样也是,通过电商、通过直播等,生产者与消费者建立了各种的联系,如果以此为基础,为这中间的联系增添一些有助于相互了解、相互信任的数据信息,必将使这种生产与消费的关系更加具有黏性。这个数据信息就是社交信任型追溯。生产者用心生产出好产品,供应给信任和信赖的消费者,一个社会化的、人人可随手触及的追溯产品平台,较低费用或无门槛、无费用,就能够详尽地、连续地、带有情感地、一体化地把生产过程分享给消费者,与消费者进行互动。

三、如何做好政府监管型追溯

对于农产品质量安全,国家是这么要求的:"食品安全监管,要用最严谨的标准、最严格的监管、最严厉的处罚、最严肃的追责,加快建立科学完善的食品安全治理体系。"可见政府监管型追溯责任重大。

1. 问责到人为核心

政府监管型追溯的核心就是安全,要通过追溯来确保安全。在追溯中发现安全问题，能追溯到个人。从这个角度上来说，被追溯的责任主体，如生产者、加工者、流通储运者等的基本信息以及资质条件信息是首要的，必须真实。这个信息是要跟着追溯的链条走的，你参与了这个环节，就永远承担着责任，出了事，顺藤摸瓜能找到你。在这个基础上，就是一些技术和机制问题了，比如如何去证明在终端环节出问题的那批商品问题出自环节中的某一人。

2. 强制的应用手段

政府监管型追溯没有强制的手段就很难执行下去，比如说需要统一要求，统一部署，以监管为入手，以信息记录为手段，以二维码验证为出口进行追溯。这其中的执行是在政府各个层级体系的行政执行力下自上而下去落实执行的。

3. 谁认证谁负责

虽然同属政府部门，但具体到每一个类型，还是有分工的，谁认证谁负责。当前的要求是抓紧对农业农村重大创建认定、农业品牌推选、农产品认定和农业展会四方面。这些不同领域属于不同部门监管，就需要不同部门来负责。

4. 规定的内容

政府管理型追溯在设计时，都会强调一些规定的内容，把这些关键的环节展现给消费者。比如各个主要环节责任主体的信息必须记录，一些影响产品安全的关键因素需要真实。还有生产者、加工者、流通储运者等通过信息记录能够支撑产品安全，并自证清白的内容。比如对于生产者来说，记录田间生产档案，生产的关键环节中的技术措施、投入品使用等。但现实中，我们有很多的政府监管型追溯涉及面很宽。既然追溯的核心目的是安全，那么需要记录追溯的也主要是与安全相关的内容，特别是一些投入品的使用，水源、肥料、农药、病虫草害防治措施，而至于生产者的一些农事劳作，比如整枝、疏花、起垄等，则显然与安全无关，作为安全监管为目的的追溯，完全可以简化这些内容。

5. 合格证制度

长期以来，我国居民以食用鲜活农产品为主，约占食品消费量的

70%。这些鲜活农产品上市交易时大多数无生产日期、无质量检测报告、无生产主体信息，出现问题难以追溯到责任主体。在这种情况下，监管职责部门难以快速发现、快速追责；消费者面对来源不明、生产时期不明的农产品，难以理性选择；经销商采购时必须重新进行检测与包装，增加了经营成本。这一现象对我国农产品生产、加工、储存、运输与消费各环节都带来了较大影响，制约了农业产业现代化发展。于是，近年来国家出台了合格证制度，这也是一种政府监管型追溯，但总体来说，形式比较简单，首先要明确生产主体，然后要有个人承诺，这种承诺是有法律效力的，一旦出现农产品质量安全问题，追查到你，你就要负法律责任，这在很大程度上起到了震慑作用。

6.生产资料溯源

前面我们关注更多的是农产品，但农产品的安全问题主要来自农业投入品，因此政府需要加强对农业投入品生产主体的质量追溯。目前的追溯集中在商品端，如销售门市的销售记录联网。下一步要让厂商、流通商和销售商都连到政府监管的平台上来。形成业务流、物流、资金流的统一监管。

7.后续需要完善的事项

对于政府监管型追溯，作为最大的责任主体，仅靠一个系统去达到很好的效果是很难的，更多的还需要去完善法律法规，加强对有害农业投入品的执法力度、农产品入市交易与售卖的检测制度，同时也要悉心去培养与约束生产主体的规范数据上线行为，从而不断健全各级各类数据采集体系，必要时建立追溯补贴激励机制，各个部门间统一追溯平台，实现追溯与追责同步，通过科学普及与宣传带动消费者的信心与对政府监管的信任。

四、如何做好企业管理型追溯

企业管理型追溯既是做给政府监管部门看的，也是给消费者看的，更是给自己看的。一套好的追溯系统有利于企业实现生产加工流通的标准化，规范生产基地、加工环节等数据采集的约束性，建立面向消费者的追溯平台与标签体系，形成与消费者的信息互动。

1. 用追溯去完善企业与产品的管理

理论上来说，农业类企业属于一个大的主体，参与其中各个环节的员工，都是干活的。因此，每个人按照自己工作的职责和要求去完成就行了。不同于小生产者，这些员工不直接接触客户，这就有了使用有害或不合规的农业投入品或以次充好的动机。所以相对来说，企业监管型追溯要简单一点。但现实生活中，很多企业也是把各个模块分包给了不同的主体，比如生产基地，双方也属于订单形式，要保质保量还要抵抗气候风险，甚至多卖点钱，就会有一些不合规的操作动机产生。加工环节的不负责任，导致产品过期仍然包装销售的情况也大有出现。显然这些需要企业加大监管能力，而其中最好的手段就是追溯，一个考虑全面、功能齐全的追溯可以帮助企业解决产品质量安全的问题，解决职工积极性的问题，更能解决出了问题及时追查到责任人的问题。

但是在实际中，通过与一些企业交流，除了一部分企业不愿意花钱外，还有一部分对追溯充满着困惑。他们担心，企业各个环节追溯得越细，越会被社会或同行找到毛病，或产生误解，甚至泄露自己生产中的一些技术机密。显然这些企业家对信息技术的了解还不够全面和深入。一个好的追溯系统的数据和功能，有其内控和外显的不同部分，这些尺度自己掌握就可以了，追溯不是外部装到企业的透视眼。

2. 用追溯去获得产品的品牌效应和消费者的信任

一个产品之所以在市场上强势，在于其好的品质、好的管理手段，以及支撑这些的核心技术。当前市面上很多的企业农产品追溯，问题在于追溯过于机械化，对产品的表现形式单一，与消费者的互动缺失。因此需要多花一些心思放在消费者的信任方面，除了前面政府监管型提及的生产等各个环节主体的基本信息、资质信息以及安全生产记录等内容外，还要有提高消费者信任和用户黏性的内容。内容应富有观赏性、科普性，让消费者认同你的食品安全理念，认可你的技术支撑，从而主动转发、宣扬你的产品品牌。这些方面对于企业来说并不难做，重要的是要明确动机，动手去做。如果仍像现在这种，看到的只是单调、冰冷的个体责任化的追溯信息，或许企业心知肚明，但消费者毫无感觉。很多大型的农业企业，主抓后期加工流通的比较多,他们更需要非常清楚地了解原料和初级农产品的生产情况,通过他们去倒逼生产流程的追溯比政府去监管效果要好。

五、如何做好社交信任型追溯

社交信任型追溯,学者提得较少,因此有必要细化展开来分析。生产者在平台中去表现农产品,消费者在同一平台中去发现心仪的农产品,是让表现遇上发现的一个过程。

1. 较低或零成本的参与门槛

社交信任型追溯走的是一条平民化路线,面向的是规模巨大但又无钱投入的中小生产者,显然其必须是较低或零成本的参与门槛,而同样其内容形式也必须简单、易用。小农业生产者不用考虑太复杂的商界竞争,生产核心技术的泄密,但他们缺少数据和信息体系的采集机制和习惯,因此,在各个环节的设计上就不能过于专业化要求,而是要符合他们的习惯,符合消费者的关注点,就像我们所有人一下子都能熟练应用社交媒体一样。这样的平台一般通过微信小程序去开发,不会给消费者增加下载App的烦恼。

2. 会员农业的对接机制

作为消费者,我们还是为寻找生态优质农产品而犯难。作为生产者,精心养护,却不知如何去表现自己农产品的特色。这是生态农产品产业当前面临的矛盾与难题。社交信任型追溯帮助解决了这个问题,这是会员农业的一种很好的对接机制。同样,已经形成了会员农业,如果多了一份这样的表现与发现相连的追溯,会员的黏性也会增强。

不同于监管查验式的自上而下推进的工作机制,社交分享式则是实现横向的信息社交分享,没有行政的、监管的手段来控制,生产者与消费者处在同一生态层面上,只不过双方赋予的责任和义务不同。是一种平等的社交关系,而社交的内容则是对农产品生产环境、过程、安全性、第三方评价等的信息沟通和分享,通过相互信任的建立,形成一个网络社交化的食品安全信任机制。

3. 多方共同参与的机制

既为社交，社交信任型追溯是多方共同参与的追溯过程，生产者要去从生产的角度表现生产过程的优良管理、农产品的优质与美味、第三方给予的主观和客观的评价等；平台要为好的生产者去背书，去展现他们的优势，让用心用情者、产品安全优质者脱颖而出，同时又要做好监管，防止欺瞒夸张，以次充好；消费者会对好的产品给予热情的互动和真心的评价，对欺骗者进行揭露；还有更多的旁观者有着雪亮的眼睛来审视这些追溯的内容。不管是生产者、还是消费者大家都处于一个公开化的平台之中，有助于消费者去精细选择，也让生产者忌惮信口胡言会招来同行的质疑。这些大量的信息互动，更有利于平台给予生产者相关追溯的标签，比如"加V"认证、个性化标签等，让优者更优，劣者被淘汰。社交信任型追溯不仅是因为产品的表现更为直观，更为重要的是生产者的亲身参与，这就像现在很多直播一样，消费者喜欢的除了产品本身，还有直播者本人。了解生产的人，了解生产的环境，对生产的过程知情，才真正了解这个产品。

4. 社交易懂的表现与沟通

社交信任型追溯，作为生产者，我们需要更多地以消费者易懂的形式去表现自己，表现生产的场景、生产管理的过程、自己的用心，让产品的真实性与安全性在这种表现中自然流露出来。这里强调的是消费者易懂的方式。我们在生产中也一定积累了很多第三方的评价，这种评价有客观评价和主观评价，比如获得的优质或安全的证书，检测的报告，成为政府或科普部门的示范基地，得到了行业内的表扬，与到场消费者的互动等。与周边村民良好的人际关系、对周边同类产业的带动以及参与的就业吸纳与扶贫贡献等也是消费者比较看好的信息沟通内容和形式。这样的内容对消费者没有阅读的压迫感，而生产者则是拿出了全面的数据去表现产品的特点，这就不会导致迫于形式主义而去记录和编造数据。另外，微信小程序的应用，也方便生产者或消费者把一些有意思的生态记录、产品页面、农场介绍直接转发出去，分享给更多的人。

5. 互动评价积累的信任

包括消费者在内的外界给予生产者的互动评价，为生产者积累了人气，使其脱颖而出，增强了生产者与消费者之间的信任感，平台也可以通过这种活跃形成积分机制，奖励生产者。更多的消费者的参与和关注，也可以让平台或生产者成为该生产基地或产品的消费代言人，进一步提升信任关系与产品的对外宣传。平台对于这种优质的生产者，也可以开展实地的或线上采访，进一步提高其人气和产品的知名度，直接增加产品的销售量与产值。这种信任评价的灵感来自电商的评价机制，消费者通过别人的信用评价以及售卖者长期的信用积累从而选择买他的产品。

6. 更多地帮助平台中的生产追溯应用者

平台中生产者需要不断追求品种特色，而平台可以通过同行或者直接帮助他们对接相关种质资源和好的品种。很多生产者不懂技术或者在技术中吃了不少亏，追溯应用平台可以帮助他们对接技术与专家的服务。农产品生产离不开社会化服务，平台可以帮他们对接。其他还包括投资、保险、信贷等资本的参与。销售渠道更是生产追溯应用者考虑的方面，让好的产品有更好的销售渠道，平台也可以通过评选然后有差别地去帮助对接。同样的还有产品的软文宣传等更多的内容可以帮助他们。

7. 社交追溯平台的增值

除了可以帮助到平台中的生产者，社交信任型追溯会吸引社会各方共同参与，不管是生产资料提供者、社会化服务提供者、专家技术服务者、资本投资者、农产品流通采购者，社交媒体宣传者等都能在这里找到相应的商业机会，这是平台的重要增值点。同样，平台对一些黏性会员用户也可以适当收取不高的会员费用进行增值服务。

六、与追溯相关的信息技术

农产品质量追溯的背后，是各种信息技术的支撑，这些技术有些是高大上的，而有些又纯粹是机制性的技巧。

1. 物联网技术

现今很多互联网公司的农产品质量追溯方案多是以物联网应用为基础的，而对于一些农业企业来说，追溯的应用也离不开物联网，从而让数据采集更为便利和真实。物联网虽然成本有点高，但在农产品质量安全追溯中通过客观无人化的手段去获得数据信息，从而起到自动的过程监控作用。物联网传感器、RFID、NFC 等都是在这方面应用比较多的物联网技术。肉品追溯中物联网技术用得比较多，因为涉及复杂的屠宰、加工和冷链运输等环节。我们所购买的肉品（如猪肉、牛肉、羊肉），一般都经过"饲养—屠宰—加工—冷藏—配送—零售—餐桌"，其中任何一个环节出了问题，都会导致严重的后果。有一个身份从始至终跟着（如耳标或脚环），在一定程度上解决了责任和环节的追溯问题。

2. GPS、北斗等定位技术

从什么地方生产、流通经过什么地方，需要用到定位技术，现在有很多的生产者利用带有定位功能的手机拍照 App 应用，来证明自己的产品来自原产地，而在农产品质量追溯中，GPS、北斗等定位技术也是经常用到。

3. 区块链技术

区块链技术是当前在追溯应用中提得比较多的，主要由于其不可篡改性，很多研究都在探索如何在追溯中深入应用。可以预见的是，通过物联网、定位等记录的数据，比较容易实现区块链技术，而一些人为的记录则相对要复杂一些，有待于进一步探索。

4. 二维码技术

二维码是个神奇的东西，既像芯片，把很多复杂的、庞大的数据与信息内容存在其中，又像是一个身份标记，每个用户、每个产品、每种形态都可以拥有一个自己的二维码。二维码的形成和应用大抵如下：先是通过二维码专用的系统，批量生成农产品的二维码（也可以每个商品都有独立的二维码，即一物一码）；接着在系统后台编辑二维码的内容，比如产品的基本情况、生产过程、投入品情况、检测结果等，即消费者扫码后需要显示的那些信息；然后在产品包装上粘贴二维码，或者直接印刷在产品包装上；最后产品出售后，消费者可对购买产品进行扫码，查看商家所设置的信息，以达到追溯的目的。这种码一般属于"死码"，而前面说的社交型的追溯码，则是"活码"，不同时期扫码所获得的产品信息随着产品生产的产地情况而变化。一物一码的原理很简单，也就是每件商品都有一个唯一的标识码,而且只允许扫一次,这样就可以杜绝农产品二维码复制使用的问题,也就从一定程度上减少了农产品窜货的风险,当出现问题时,也比较容易快速、精准召回。此外还有耳标技术,耳标技术主要用在畜禽上,我们经常看到养殖场牛、羊、猪的耳朵上有耳标,鸡、鸭的脚上有脚环,这是一个身份的证明,跟随这个动物一生。牲畜耳标相当于动物"实名制",这为肉品溯源打下了基础,可在一定程度上监督肉类食品的安全问题。

5. 视频与直播

在追溯中,很多人想到了全程视频,特别是一些从事果园和菜园生产的用户,觉得视频可以让消费者亲眼所见,不能造假。这有一定的效果,但理性地来思考,一是消费者不是该产品的最强黏性关注者,他们只是因为需要而来看一下视频,不可能长期盯着视频看,即使是一些产品订单性用户也是如此。再者,视频不能解决私底下的暗操作问题,因为农产品从产地到消费者手中有太多的环节,有太多的机会可以造假,即使是喷药,消费者也不能通过摄像头分辨是喷药还是洒水。直播主要用于社交追溯平台的内容应用之一,可以弥补文字、图片和短视频带来的生硬,可以更好地与消费者互动。

6. 平台选择

以前追溯平台大都选择网站,通过输入追溯码来进行追溯,现在有很多政府的平台同样也在应用,在移动终端手机上应用也很方便。之后出现了下载 App 应用和微信小程序等形式,对于消费者来说,应用 App 显然不是好的选择,而微信小程序的市场似乎更好一些。

7. 增强现实 AR 技术

传统的农产品质量安全追溯系统以农产品条码标签作为主线,针对农产品从生产到销售各环节的农产品质量安全数据进行及时采集上传,为消费者提供农产品质量安全追溯查询服务。而有一些平台正在尝试给消费者提供全方位的追溯体验,通过 AR 实景体验的方式,给顾客带来虚拟视觉上的体验,虚拟真实的农作物生长的环境,让顾客亲身体验每一个农作物从种植到成熟运送至超市的整个过程,呈现整个产品的追溯内容。

8. 大数据应用

大数据管理更多地用在农产品质量追溯的后端，因为系统后台可以记录消费者扫码的数据，比如谁扫的？男的还是女的？什么年龄层次？在哪个区域扫的？等等，从而获取一系列的市场信息，并形成可视化，建立用户画像，从而帮助企业开展数字化精准营销。同样，对于一个运行用户数据量比较大的平台，大数据技术可以深入更广范围的数据挖掘与分析之中。

七、农产品信息追溯特殊的成功案例

当今，我们也有不少成功的农产品信息追溯案例，比如以下几种模式。

1. 供港澳模式

供港供澳生鲜的农产品追溯体系在关键节点通过人去控制，强制记录，因为背负着政治责任和法律责任，不能出问题，所以这种体系效果良好，这么多年没出过一次食品安全事故。

2. 出口模式

出口日韩或欧美的模式，由于这些发达国家对农产品质量要求极为严格，对生产过程需要详细了解，它们大都通过肯定列表等方式，严格检测各种指标，一次不达标就没有下次，导致经济风险很大，这种严格检测指标倒逼前端进行科学管理与安全追溯，从而形成一整套从基地到出口的科学管理数据体系。

3. 特供模式

特点是一些重要赛事的食品供应。由于事关重大，生产极为严格，每一个环节都有严格的数据监测记录，因而运行得也非常成功。但这些案例都没有可大规模复制性。

4. 猪肉等肉品类的追溯

总体来说，国家对猪肉等肉品类管理严格，每个环节建立了严格的监管和数据追溯与责任体系，在所有产品中，其安全性和追溯的完整性相对较高。

八、其他农产品质量追溯形式

有别于传统意义上的追溯形式，以下方式其实也是农产品质量安全追溯的形式，我们可以称为泛追溯。

1. 电商中的信任评价机制就是一种追溯

像淘宝等电商平台，店主在注册前需要经过严格的实名认证和资质认证，在交易过程中，又会留下与消费者的信用互动，特别是消费者的评价，而后面的消费者在选择购买时，一般都会参考店主在平台的信用积累和消费者对其的信用评价信息之后进行选择，这其实就是一种追溯过程。

2. 社区支持农业的互动机制也是一种追溯

当基于国家检测标准的食品安全已经不能满足人们的需求，而第三方认证也仅仅作为流程的认证，无法时刻监督生产现场，不少人寻求其他解决食品安全的方法与方式，比如说参与保障式的农产品质量信任。国际有机联盟（IFOAM）就倡导小农经济地区应该采取参与式保障体系（PGS）来弥补第三方保障体系的不足。这里面包括社区支持农业系统（Community Supported Agriculture, CSA）、消费者合作社（Consumers' Co-operative）、农夫市场（Farmers' Market）、农盟保障体系（24AG）等。生产者与消费者有不同程度的线上线下直接接触，使消费者直接参与计划、生产、定价、分配、运输、推广等生产与流通的工作，从而建立互信基础，增加对农产品的信心。这样的形式，实际上也是让消费者参与了食物安全追溯的过程。

3. 社交媒体中的表现机制也是一种追溯

社交媒体为不同群体之间信息的交互提供了一个个成功的平台，当我们成为一个主播的号主或主播的粉丝后，我们会经常主动或被动接受其信息，这种长期关注而引发的农产品购买行为，其实也是基于追溯而产生的信任机制。

九、农产品质量追溯需要借助的其他手段

要解决农产品安全和信任的问题，追溯只是其中的手段之一，还要有其他的手段并举，比如严控有害或不合格投入品进入农业生产、加工、储运等领域。

1. 农业投入品与加工添加品的严加控制

农业投入品与加工添加品是农产品质量安全的根源之一，如果能够有效加以监管，就可以很好地解决农产品的社会性安全问题。

2. 社会的诚信与惩罚机制

当前农产品质量安全的社会信任程度低，是多方面原因造成的，但其中的惩罚机制不完善，惩罚程度太轻是重要原因之一，在今后很有必要从法律层面上进行严厉打击，形成整个社会的信用机制，让不守规则的人受到永难翻身的惩罚。

3. 标识品牌的资格约束机制

不少人对于当前农产品质量安全标识资质多有抱怨，一方面是获得这些标识的人不自律，另一方面也是很多同行借此品牌销售非认证的产品，造成市场混乱，加强这部分群体的信息与追溯监管非常重要。

4. 产地安全的标识监管机制

当前农业农村部开展的生态农场的认证从另一个层面上开启了农产品质量安全的保障形式，即产地安全模式，这是农产品质量安全品牌保障的另一种有效手段，加强对认证基地的信息化手段和检测手段的多重监管，是解决农产品质量安全的重要通道。

5. 大企业大平台的表率机制

很多大的平台，如电商还有农产品生产者本身，通过对外的承诺、自己的悉心经营和品质守护去获得消费者信任，在行业内做好表率作用，比如京东农场、褚橙、沱沱公社等，也是一种农产品质量信任表现。

第五章

数字农业

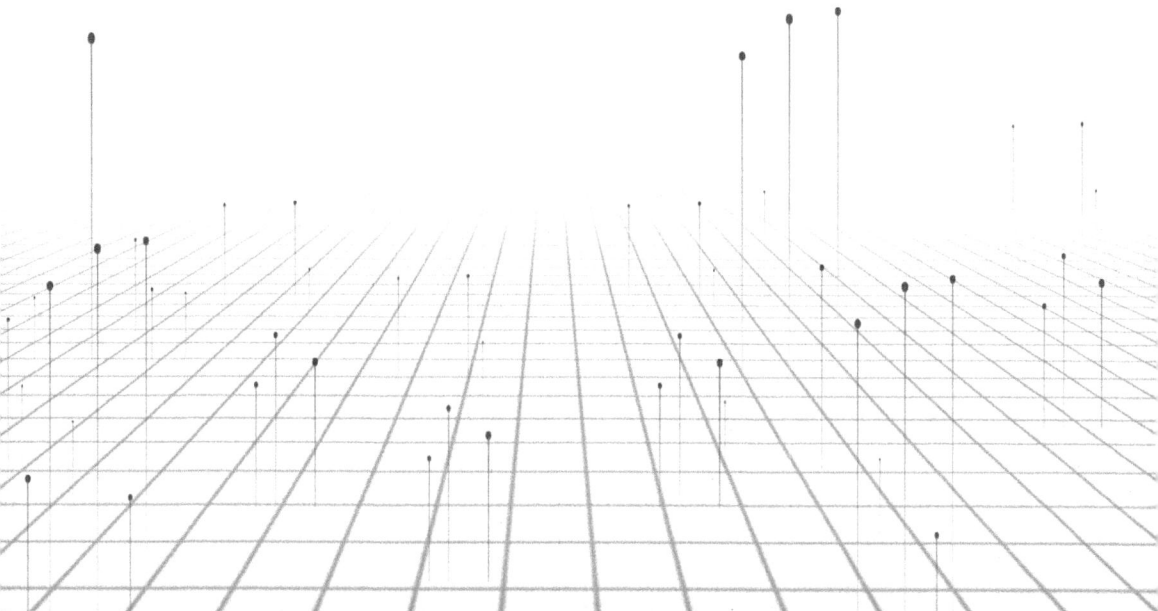

农业产业的方方面面都会产生数据与信息，以往只有农业科研工作者和数据分析决策者在科学研究和业务管理中接触数据与信息并进行分析应用，但随着互联网的快速发展及与网民行为的高度融合，数字农业成了关乎涉农产业所有人群的命题，并出现在产业的每个环节和角落。

农业数据信息的产生不外乎任务式的采集、传感器式自动获取以及各类行为过程中的自然形成，比如电商中的卖与买之间的交错行为，以及知识获取、知识服务与观点交锋等行为，而这种行为性的数据才是研究农业大数据的关键，深入研究其形成机理与机制，是实现农业产业大数据应用的支撑和突破！

但所有这些，都需要我们打破或更新传统的理念，在此共同探讨！

第五章　数字农业

第一节　认识数据

数据的重要成为社会大众的共识，作为和大家一样的非专业人士，我们看待数据和大数据的角度和态度，或许有种"当局者迷，旁观者清"的"优越感"。作为一个投身于数据信息的宏观与应用研究十多年的非专业人士，在此阐述一些个人的观点与大家分享。

一、数据到智慧

数据、信息、知识、智慧，生活中我们接触到很多诸如此类的词语及说法，同时整天手机不离身的我们，面对着不同样式的数据、信息与知识的轰炸，我们似乎学到了不少知识，但又觉得很迷茫。

从数据到信息到知识到智慧是一个逐步递增的概念，我们称之为"DIKW"模型。数据用英文单词 Date 的首字母 D 表示，信息用英文单词 Information 的首字母 I 表示，知识用英文单词 Knowledge 的首字母 K 表示，智慧用英文单词 Wisdom 的首字母 W 表示。

1. 先来谈数据

数据和我们传统理解的数字有相像的地方。比如某个品种西瓜的甜度是 12 度（含糖量），王小刚的淘宝店铺里"双 11"卖出红枣 5400 斤（1 斤 =0.5 千克）等。

当然数据不只是以数字形式体现的，也可以是文字的形式、图片的形式、声音的形式、视频的形式等。比如网上的农产品行情、品质、产业、技术、生产者等的各种评价；关于农业生产与技术的各种数据、参数；线上电子商务中的交易、评价、用户数据等。

而我们经常说的数字农业，当然也不能理解为纯数字分析的农业形态，大家也应该可以体会得到，这里数字被赋予了更多内涵。

2. 然后说信息

信息相对于数据来说，就要更丰富一些，所提供的内容相对更为完整。还拿前面的例子来说明，我们虚构一个西瓜品种京丰 8 号，其在华北地区种植含糖量普遍能达到 11.5 度以上，这就是一条信息。王小刚的淘宝店铺里"双 11"卖得最好的是红枣，共卖出红枣 5400 斤，这也是一条信息。

当然正如数字一样，我们平时对信息也有更为泛义的理解，比如很多部门就是以信息来命名的，信息处、信息服务中心、信息所等。之所以进行一个狭义的解释，主要是想通过这个逻辑来解释我们如何在生活中科学应用。

3. 再来说知识

知识传递出能够直接用的信息，比如说某项生产技术的掌握。继续上面的例子，京丰 8 号在华北地区的种植技术要点就是一个知识，王小刚在"双 11"前对所售的红枣产品进行了上架素材的优化技术，前期在各种渠道进行宣传，成功从淘宝拿到了"双 11"的流量，在线上销售过程中完美的团队配合，这些经验都是成功的案例经验，这也是一个知识，是别人可以拿来参考借鉴的。

回到前面第二章讲的知识服务，生活中我们需要这种总结出来的知识来丰富我们的大脑。当前的农业社会形态中，决定了我们大多数的人都需要农业知识，消费者需要了解农产品安全和营养情况，不像以前计划经济时代，给什么吃什么，我们要学会选择；生产者需要农业知识，不是只管种就行了，而是不仅要琢磨如何种好，还要考虑如何卖好，如何挣到钱，如何节省成本。由此可见，农业知识与我们每个人都息息相关，十分重要。

4. 最后说智慧

智慧是知识的升华，直白地说，就是你比人家聪明，你干得比人家好，这就需要在知识之上，有一个知识的逻辑组织能力，以及根据知识得出自己的想法与决策来。接着上面的例子，研究人员根据京丰 8 号西瓜的特性，对比江苏里下河地区的气候和土壤等条件，通过两年的生产措施改良，成功在江苏盐城地区种植京丰 8 号，其稳产性、抗病性、甜度等品质不亚于华北地区,这就是一种智慧的表现。其不仅学会了知识,还在应用这个知识的同时进行了本地化拓展应用并获得成功,创造了更大的经济和社会效益。继续王小刚的例子,王小刚经过"双 11"的销售之后,分析了购买红枣的用户人群,发现用户集中在 40～60 岁,女性为主,主要客户来自上海周边,于是他重点研究这些客户的饮食文化,日常对农业生产环境的喜好,相对集中的线上购物时间等一系列要素,从而实现了"双 11"之后红枣产品的持续高量销售,这就体现了王小刚的智慧,他直接把此前专门为"双 11"所做工作达到的效果进行了分析,形成了下一步销售的思路并取得成功。

智慧现在也应用到了农业信息的较多领域,我们常听到智慧农业、智能农业,也就是我们不能满足于传统指令式、指导式生产,要不断创新,要结合现状学会变通,创新更大的效益,要把自己不拥有的、不具备的外来的东西转化为自己的东西并进行结合,达到更高发展的要求。

二、数据的碎片化与系统化

数据的碎片化与系统化是一对矛盾,没有碎片化的数据就形成不了系统化的数据,但数据的碎片化与系统化又同时相伴而生,不断地被碎片、被系统,从而迸发出更多的知识和智慧。

1. 碎片数据的困扰

生活中我们发现,越来越多的人是坐在办公室里工作的,整天都面对着电脑和手机处理着各种的数据和信息,我们的微信里不停加上了很多新认识的人,或许过一段时间就不认识了,微信聊天和群里信息不断膨胀,也不知道哪个是重要的、哪个是不重要的,要去翻一下以前的记录,花费好长时间。在微信朋友圈里每天都刷着不同人的工作生活日常和商品广告式的展示与推销,抖音、快手、小红书、今日头条不断更新着多如牛毛的芝麻小事、情感纠纷、才艺展示、产品软广告以及心灵鸡汤,我们每个人深深地陷入了碎片数据的恐惧之中。

我们似乎有点怀念信息贫乏的年代,抱着一本书翻来覆去地研究其中的知识和技术要点，从当地的报纸去获取时政的要闻，对着电视在一段时期完整地看完一部电视连续剧。当被海量的来自不同渠道的、各种样式的信息包围时，纷繁、零碎，就像一堆堆、一片片的纸屑一样，撒向我们，他说东，她说西，今天说好，明天说不好，完全没有条理，懂的人说，不懂的人也说，简直是乱成了一团。我们不能静心阅读，难以分辨孰轻孰重，同时信息的权威性也缺失了，真的，假的，权威的，小道消息，全混在一起，这确实是一个很严重的问题，也催生了不少农业产业发展方面的问题。

2. 没有数据的碎片化哪来数据的系统化

凡事都有两面性，但我们理性来看，没有碎的哪来整的？如何理解？

首先来看，没有海量的碎片化数据的出现，我们生活中就少了交互，正是因为互联网的社会化、人人化和扁平化，让我们每个人都成为信息的接收者、发布者和互动者。这就是大数据出现的重要基础。当然另一个基础是我们的社会商品与服务交易更加旺盛，智能设备采集的数据与信息越来越多等。

有了碎片化数据的滋生环境，就有了大量的、海量的数据信息，不管是对于个人，还是整个系统生态，有了数据就有了抓手，实现化碎为整。举几个例子，我们平时在淘宝上漫不经心地消费，年终淘宝会给你一个数据，包括这一年总共花了多少钱，主要买的是什么品类的商品，喜欢在什么时候浏览并付款，喜欢浏览什么类型的商品，这样不仅帮你总结出一些整体信息，也帮你分析了你的习惯与规律，让你觉得很受用，原来我是这样的一个人，有着这样一种消费习惯，之前可能自己都感觉不到。当然用在你的其他领域也是一样的。

当然，从更系统的角度来看，可以更为广泛地分析出某一类商品的市场消费行为，从而为相关从业者提供指导意见。这不仅包括电商类的精确的数据，还包括网络上大家发布的信息，进行的点评互动，浏览的人群与习惯等，把一些语言很复杂的、逻辑很混乱的数据信息整理出一个现象和趋势来。

大量的数据产生，其间的必然的联系，出现的趋势、共识、热点、风险等，就形成了数据的系统化，这是当前农业数据研究的热点，也是比较成功和成熟的应用之一。

3. 管理好自己的碎片数据

数据的碎片化确实很繁碎，对于有信息清理强迫症的人，在当前碎片信息轰炸的时代都显得有些无能为力，那么如何管理好自己的碎片数据，在此和大家一起探讨一下。

要学会选择，明白自己需要什么。各种的线上平台、自媒体等为我们获取知识提供了重要的窗口，如何选择对自己有用的，就要根据自己的需求来，比如说我是一个果树生产者，我就应该更多地去关注行业内知名的专家、同行经营者、有思想的用户等，有了这种关注之后，就可以系统地分析这个人的观点和展现出的技术，最后为自己所用或参考。我们应该避免随便浏览，只看平台给你推送的内容，平台推送的精确性肯定达不到你的要求，而且商业性更强，因此应更相信自己的判断。举一个例子，我有一个国外的朋友，一个加拿大圭尔夫大学的教授，他是搞园艺的，经常把一些研究、创新、经验定期发布在社交网站FACEBOOK上，并和粉丝进行交流互动。他在平台上的信息就比较具有系统性和条理性。因此，当你关注一个你认可的人时，就可以源源不断地从他那里获得相关的知识。这也是前面第二章说的知识服务的内容。

平台要帮助用户做好整理和分析。对于个体而言，我们获得了信息发布的系统端口，但信息的汇合与分析更多地要靠平台，因为平台不仅能为我们分析与汇合自身的数据，还会更多地分析与汇合整个系统生态的数据，让我们知己知彼，告诉我们，你是什么样子的，别人是什么样子的，你们有什么不同，你具有什么样的优势，又有什么样的劣势，这样的一种平台，是用户实实在在喜欢的。这里想说一下第二节数据决策里说到的内容，很多地方做农业大数据，一味地考虑让用户提供数据到平台上来，却很少考虑用户，尤其是分散型的大规模支撑的小用户在平台中发挥的作用，能获得的信息，从而提升这些用户对平台的忠诚度，他们需要这个平台，他们当然不会离开，而且会习惯性地持续地提供生产经营数据与其他行为数据，这就形成了农业大数据生态的共生系统，这一方面内容在第二节里详细阐述。

三、数据产生的演变

在感受数据大爆炸的同时,也来分析一下数据源的演变史。

1. 记录产生数据

在很长一段时间,我们主要是靠记录来产生数据,比如有些农民种植小麦或养殖螃蟹,会拿一个小本子记下今天买了什么农资,花了多少钱,到后面这一批卖出去多少,卖了多少钱等,最后汇成一个小账。当然很多时候数据不共享。也有一些比如农业部门调查的数据,记录数据后用统计方法进行汇总计算并分析。

2. 系统运营产生数据

人类社会第一次数据量的飞跃是建立在运营式系统开始使用数据库的时候,计算机和网络系统派上了大用场,随着运营活动而产生数据并记录在数据库中,如超市、银行、医院、各种的电商平台、办公软件,工厂生产过程产生的数据系统等。这种数据相对具有较强的真实性和准确性,也构成了整个社会不同领域的基础数据。随着越来越多的用户依附于互联网上,这样的数据越来越庞大,从而较早形成了大数据的概念和规模。

3. 原创信息产生数据

人人参与互联网、人人获得信息,人人发布信息、人人获得信息,互联网人群激增,每个人都是一个电台、一个平台,原创性的信息开始爆炸式增长,激发了我们的潜力,每个人都有自己的观点和思路,大家习惯于网络上的交流、讨论甚至争吵,把以往被动的数据变成了数据发生的主动。这就催生了一个重要的研究与应用领域,就是舆情分析。不同人有不同的喜好,不同的感知,就可以分析这种趋势,而根据不同人对现状的感知和一些征兆的出现,去预测风险等。在当下,由自媒体产生的信息爆炸一发不可收拾。这也是人类社会数据爆发的第二次飞跃。

4. 末端感知产生数据

末端感知产生数据将是人类社会第三次数据量的大飞跃。更多依靠的是感知式设备,其分布在人类活动的每一个角落。这种数据的产生是自动的。在农业中,各种的传感器、摄像头,包括我们日常使用的手机,我们的一些信息使用习惯,都属于末端感知产生的数据。由于是自动记载,数据的密度很大,数据的周期很广,因此产生的数据准确性、完整性、系统性很强。想起十多年前在地方上做稻田养殖试验的时候,需要用传统的温度计、湿度计、溶解氧测定仪等一系列仪器一个个去测量然后读取并记录数据,需要牺牲掉连续几天的休息和睡眠时间,劳动强度很大,却轻易地就能被自动传感设备所化解掉了。

四、数据与行为

数据是在行为中产生的,但这个行为有环境的行为、生物的行为,以及非常重要的人的行为。

1. 行为产生数据

行为产生数据,以前可能大家难以理解,但放在现在,我们的各种行为形成了数据,这让人觉得有趣,又让人觉得不安,已在社会上形成了大家容易理解的东西。

举例来说,我们在手机上不经意的一个搜索动作或购物经历,一次电话咨询,引来了无数不明源头的线上线下相关产品推送或推销,有趣的是,有些正好投我所好,但更多的常常感觉自己没有了隐私。究其原因,是我们的行为产生了数据,留下了别人可以分析的数据。

曾经有一个研究大数据的专家提出,大数据不要去记几个"V"(是指大数据通常概念中的"5V",由 IBM 提出,即 Volume- 大量、Velocity- 高速、Variety- 多样、Value- 低价值密度、Veracity- 真实性),他的定义是,大数据是对行为的测量。我个人是比较认同这个定义的,感觉大众也比较容易理解。有行为就有数据,产生数据、获取数据、分析数据、应用数据、指导决策是大数据的意义所在。能举的例子很多,在农业科研和生产应用中,我们常常通过传感器去观察牛的体温变化、脉搏跳动、步速步态等,以此来判定其情绪、健康等状态。

在网络上，搜索 2019 年 1 月 1 日到 12 月 31 日，在微信公众号同时有"教育"和"焦虑"两个关键词的文章里，有 3470 篇阅读"10 万 +"，平均每天将近 10 篇。"家长""父母"和"焦虑"连在一起的"10 万 +"，有 6751 篇，每天 18 篇。这就反映了我们当前教育与家庭关系的生态，如果陌生人见面没得聊，那就聊聊教育准没错。

说明通过大数据可以揭示一些现象，或许这种现象是我们隐隐感觉到的，但不确认是不是真的，或者不知道其程度如何，那么大数据分析就能给你基于数字的分析结果，让你确定或打消你的顾虑，或从中找到一些商机。

2. 数据指导行为

研究农业大数据，首先是想从行为中去获得数据，但显然这不是我们的目的，我们更希望利用这些数据的分析，去指导下一步的行为。比如说一个县的主导特色产业是百香果，通过数据分析，可以了解是男人还是女人，是什么年龄阶段的人，是在什么季节，什么地区的人，以什么样的方式购买，以什么样的方式食用百香果。这就是我们要达到的目的，以数据来指导生产行为和经营行为。现在很多行业的舆情研究报告或者叫大数据分析都是通过数据分析得出结论，然后用以指导下一步的行为。

数据是新互联网时代的基础与核心，很多互联网公司或平台公司，宁愿烧钱也要发展用户，争取用户，其根本点不是扩大用户的规模，而是通过大规模的用户及行为，以发展其下一步的大数据决策及对应的平台经营行为。

五、数据自控与分享

在人们越来越重视数据的时候，却发现掌握数据是一件比较难的事，如何产生并应用自己所能控制的数据，并形成一定的体系，又如何把数据基于交换或基于市场的方式进行分享，是值得研究和思考的重要命题。

1. 数据的自成体系与内在封闭

很多团队或机构想要搞大数据，但自己手上却什么数据都没有。确实数据是个宝，人人都想要，但很多数据的宝，都是人家"亲生的"。说白了，是人家在某一领域或产业链中自成体系而形成的数据，这样的数据常常是封闭的。

举一个大一点的例子，淘宝自成的体系，有商家的销售行为，有消费者的购买行为，而后者就更为丰富了，选择偏好、支付行为、满意度等，无不充满着整个产业链生态的数据资源，是极为宝贵的资源。同样，京东、拼多多以及微信、抖音、快手、百度、知乎、腾讯等一系列的大平台都有这些数据资源的法宝。

在农业领域，也有一些较为完整的数据体系，比如产业技术体系、农产品的检疫检验体系、农产品质量安全中的绿色、有机认证体系、农产品市场价格的日常调查、农情报送体系等，这些也形成了较为完备的数据体系，只不过这个体系相对于前面那些大平台来说，不管是量还是质，差了一大截。

当然还有一些小例子，科研团队多年研究积累下来了作物品种表现、抗性、与环境条件下的抗逆磨合等的大量数据资源，只是很多的农业科研工作者，还不知道如何好好地去利用这些资源，常常满足于发表一些论文和分析结果。

2. 数据的共享与社会化服务

大平台之间，有时候也要实现数据的共享，这个共享的前提是利益的需要。比如一些电商平台，需要和支付系统和物流系统去对接数据。前些年有一个新闻说淘宝和顺丰之间有了纠葛，数据接口关掉了，这下麻烦了，本来很多淘宝卖家发货选择顺丰，就可以通过打印机自动出快递单，但这样就需要手填快递单了，因为快递的数据信息进不了淘宝的物流选择系统了。在那个时间段，京东就显得泰然自得，因为它是以自己的物流为主体。这就说明数据共享的重要性。

国内很多的大数据公司基于一些重要的合作机制，也得到了获得数据的机会，比如一些专注于做舆情分析的公司，还有一些做数据中介的公司，这些公司将有偿购买的数据再以计量计次等方式卖出去，形成数据的服务。这里面有很多我们未曾重视或者说尚未攻破的领域，比如前面所说的，科学家或科研团队手中的数据等，这需要智慧、机制和方法去整合，这些将在后面进行讨论。

淘宝等电商平台上一些做得大的店主同样可以卖数据，卖给谁呢，可以卖给行业分析师，卖给一些科研工作者，卖给要写博士硕士论文的学生。可以帮助他们拿着数据去分析消费与市场。

六、农业大数据的数据源

农业大数据是当前研究的热点，管理者、研究者乃至生产者都比较关心，那么先来分析一下，农业大数据可利用的数据到底有哪些，也就是人们常说的农业大数据的数据源问题。

1. 管理执法产生数据

传统的农业数据产生的渠道，其中比较严格的数据体系是管理执法。这主要是由于其对数据的要求比较高，而且更为重要的是，数据的获得具有较大的强制性和纪律性。比如对一些农业资源的重要普查，农产品防疫检疫方面数据体系。农产品质量安全方面，如绿色食品、有机食品、GAP认证等的数据体系等。

2. 农情调查产生数据

农情调查是农业管理部门获取数据的主流渠道。基层农技推广体系中的不少人，是农情调查体系的重要力量，负责农业生产与市场流通等信息数据的采集。对于农业生产性数据的获取，我们的对象要么是农田与作物，要么是基层生产与管理主体，再加上数据的获取更多是人工记录，这中间的差异性就很大了。有误差的，比如估算测量不准；有随意性的，比如我们问一个农户，一亩小麦产量多少，农户说七八百斤，这中间的区间值就大了；还有瞎编的，一些基层信息采集人员，由于自身惰性或在一些特殊天气原因下，懒于去采集数据，有时瞎编瞎报数据，基本没有依据。但总的来说，有很多的生产市场数据是要靠这样的调查和采集来获得的。

3. 信息技术获取数据

信息技术或信息设备获取数据的方式也是多种多样的，比如基于卫星遥感，基于物联网传感器。原则上这些数据是科学的、准确的，但有时也不排除一些技术性的因素，导致数据的不准确。比如说遥感受天气、云层等的影响，以及本身数据模型的精确度制约。再比如传感器的功能、灵敏性，是否受到了环境气候的影响，或年久未换等诸多因素的制约。信息技术获取数据的同时也解决了以往数据调查的弊端，比如前面说的数据多报少报的问题，对于农田，随着遥感和低空成像、高光谱等技术的成熟，不仅解决了乱报的问题，数据还更精确了。而智慧农业中对一些植物生长、受灾，动物行为等的信息技术应用研究，让保险理赔、风险监测、高产优质高效有了更好的技术监管和支持手段。

通过信息技术来获取数据固然是好事，但有不少研究者极端地认为，农业大数据应该主要依靠信息技术手段来获得，这是非常错误的。农业生产与经营等全产业链中，人的行为占据了极大的比重，而绝大部分人的行为，是不能通过信息技术的手段来获得的，常常要通过互联网的思维以形成的机制来获得。所以不要从一个极端走向另一个极端。

4. 科学研究产生数据

科学研究产生的数据主要在科学家或科研工作者手里，他们常常是为了去完成一些科研任务或探究一些科学问题而获得数据。这种数据是挺多的，但有的时候，数据也未能得到充分利用。比如说基于项目或成果的完成，可能只用到了其中 40% 的数据，而 60% 的数据可能过后不再使用了，造成数据的浪费。最常见的比如对一些品种性状的观察上，有些品种的生长过程不如想象中好，可能最终在处理数据的过程中就丢弃处理了。但这些其实可以放在另外一种数据环境中进行应用分析。

科学研究产生的数据还包括科学家发表的一些文章等成果，以及一些技术知识等广泛发布于互联网的信息，由于其数据源可溯，因此具有较强的科学性和准确性。特别成规模的比如一些大的知识服务平台，或中国知网中的农业知识大数据。

5. 电商交易产生数据

电商交易是因为需要这种真实的行为而产生的数据，因此其在大数据中价值较高。电商的数据就是一种内在行为与动力的习惯式表达，对于农产品电商经营者来说，要进行描述和标价，而对于消费者来说，去寻找、选择、比较、付费乃至后续满意程度，甚至产生纠纷，这些都是真实发生的，属于你情我愿。这里面产品的报价、交易的资金、对商品的评价等都是自然而然地在交易过程中自发产生的数据。

6.社交媒体产生数据

农业类的社交数据也是基于用户的真实需要与行为而产生的，比如对于一些观点的讨论，一些问题的咨询，用户的搜索行为，用户的观点分享行为，等等。社交媒体产生的数据是近年来突然之间迅猛发生的，其数据量大，数据形式多元，数据产生的出发点，数据演化中的交互性等都是值得进一步研究的课题，现在已有不少研究者对于一些大型的知识服务平台，比如贴吧、知乎、头条、微信公众号进行系统性的主题研究，但在农业领域，相对显得进展缓慢。

第二节　数据决策

总体来说，近年来社会大众对大数据的认识，逐步从崇拜、迷茫、不解发展到理性看待，这主要依赖于发生在我们身边较多的大数据实际应用的案例，例如中国对新冠肺炎疫情精准化防疫控制，主要就是基于人员流动大数据进行定点精准管控的，在保障社会正常运转的同时，有效控制住疫情的大规模发生。农业作为第一产业，涉及的领域很多，大数据应用的机会很多，但在实际应用中问题很多，挑战也很大。本节从问题入手，理性探寻大数据应用的方向。

一、农业大数据应用的困局与误解

大数据是个好东西，但在农业领域，有时总感觉差那么点意思，究其原因，有数据源本身，也有数据产生与共享的机理机制等诸多问题，这其中的困难重重，需要我们理性去看待。

1. **数据本身的科学性**

农业的自然属性决定了其数据获取的难度，如果仅仅作为科研行为，我们获取数据是为了去发现规律和现象，科学的严谨性让我们在获取数据时不管是用仪器设备还是感官测量，都有一套专业的方法和一种追求科学的精神。但如果这种数据的获取是一种行政调查和普通的业务统计，是分配性的工作，人的主观能动性在其中影响较大。这些数据可以是借助工具、设备认真测量的数据，也可以是没有专业技能或较强责任心下测量或获取的数据，当然也可能是根据以往经验，足不出户，敷衍了事而报的数据。

这样的现象还是比较普遍的，笔者长年在基层农村调研和业务合作，深有体会。如果数据不是在真实的行为规范下得到的，那么通过分析这样的数据再去指导生产与市场行为，肯定是有问题的。很多的基层农业人员,每天疲于奔命地去完成各种任务,加上本身不够专业,工作压力大,薪酬待遇不高,能产生的数据结果自然就不会太好。

当然分散到不同区域、不同地块、大分散农户和经营主体中的农产品生产,不像企业工厂化生产的严格组织性,也不像当前服务电商式的交易完全线上化,这种分散行为,给数据统计带来的难度就是,地方农业管理部门或生产个体,有时候为了多获取一些补贴,多留一些基地,多要一点农资,而在数据上作假。所以基于个人主观行为的数据体系问题重重。当然不管是从大数据角度还是智慧农业角度,如何提高数据采集的精确度不仅要研究技术,还要研究机制。

2. 越来越严重的"数据孤岛"

系统性、规范性、强制性采集的数据在不同的管理层以及研究者手中,大家都不愿拿出来共享,一些偏向于平台性、商业性、社交化的数据更是各有其主。随着大家数据意识越来越强,共享共用就会变得越来越难,越来越不现实,这是农业大数据的最大问题。

很多研究意识到这个问题,但无一例外地没有提出具体的解决办法。但需要强调的是,我们应该正视这个问题,然后在此基础上分领域地去突破,而不是纯埋怨了事。

3. 关注历史数据还是引导未来数据

分析到手的那些数据并发现规律,是当前农业大数据工作的通常做法。现在有一种观点认为,数据正在不断地、大量地产生,还有大量的历史累积,有来自生产的、市场的,同时又有不同的形式,有上报的、文章的、新闻的、报告的、培训的,有文字的、数据表格的、图文的、视频或课件的,甚至纸质的,所以我们要去研究数据挖掘分析的方法,以模型、算法等去分析,再形成可视化结论,然后形成有指导意义的知识与决策。这样的观点不能说错,而且还非常重要,但这只是农业产业大数据要干的一部分事,因为它关注与分析的只是已经产生的数据。但同样重要的,我们要去关注和分析将要产生的数据,这显然具有挑战性,但以往的数据体系本身是有各种问题的,这种问题对我们来说是教训,那我们何不思考,接下来如何按我们的思路和规则去产生需要的、好用的、精确的数据呢？历史数据的蓝海固然重要，也不可避免，但有序的数据体系，学会用大数据的方法去控制和规范数据的产业同样在农业领域非常重要。

4. 只管技术框架不管数据源

农业大数据的兴起与流行自然引来了不少生意，一些从事系统开发的公司看到了机会，建立数据库并形成展示，这些是他们能做的，也是他们擅长的，而至于如何获得数据，如何用这些数据，如何形成数据产生的规则，不在他们的能力范围，当然也不是他们愿意操心的。而同样，业主部门也没有太多的想法，于是一个个的"花架子"就应运而生了。而真正的大数据的价值，不在数据库技术本身，而在于如何指导数据行为的养成，形成稳定的数据源，在于数据分析的能力，从复杂的数据中发现别人发现不了的规律，在于数据对后续农业生产经营消费等行为的指导作用。举个简单的例子，如何应用大数据把一个地方的产业给宣传起来，品牌做起来，才是最大的功劳。

5. 对大数据应用抱有不切实际的幻想

农业大数据的热，也让一些人对此充满幻想，比如有人想，既然大数据能够把产业分析得那么清楚，那它一定能指导农民种什么更挣钱。初想一下，好像真是这么一回事，我们对生产和市场的把握能力和分析能力更强了。但理性分析一下，在少部分人群掌握的资源里，比如专门为期货和企业服务的大数据咨询公司中，这一点是成立的，这样的分析具有私密性和排他性。但如果是一个社会的公共产品或政府的公益产品，则显然是不现实的，信息获取最灵敏的是流通商，而不会是生产者，如果有什么好事，一定是这些人先占便宜。这些都是商业的一些基本法则，通过大数据分析并公布出来的结果，你可以决定你种什么，但你左右不了别人不种什么。

6. 拿小数据小案例去做大数据大产业推算

经常听说某个科研工作者成功研发了某项技术，然后就开始推算，如果应用推广下去，能够取得多大的效益。在以往的成果评价中，我们经常碰到这样的问题，这是农业大数据应用中另一个角度的极端例子。然而一些科学家或者媒体单纯进行数据的放大,用某一作物在某特定生态条件下的种植面积,来推算该项技术在全国可能种植地块中产生的效益,这显然是不对的。姑且不说不同技术和品种在不同地区的种植具有资源差异,当前的农业产业格局,也是经过多少本地专家精心研究和示范应用形成的,有其地域、科学和社会经济等一系列合理背景在其中,仅凭推算往往缺乏依据。

7. 把大数据只放在屋里展示

很多地方的大数据中心,宽敞的大厅、高清的弧形超大屏、炫目的射灯、流利的讲解员、密密麻麻展示的数据,是最常见的标配。如果你没来过或者离开了之后,你能对这里留有多少印象?能知道这个产业接下来会发生什么变化?这就是关在屋里的地方农业产业大数据应用展示。

二、构建共生多赢的数据行为环境

对于农业而言,由于涉及粮食安全、土地等资源保护以及农产品的安全有效供给,因此与其他产业相比,有着国家或地方对产业全过程行为的计划与指导性,在这种情况下,如果需要形成有效数据的产业,就需要去思考如何构建共生多赢的数据行为环境问题。

1. 营造数据行为用户的参与感

一个好的大数据体系,用户一定是自愿地参与其中的。这样的例子在周围比比皆是,我们身边的很多平台,很好地做到了这一点。比如电商,把人聚集过来一起卖东西、买东西,这样就把对产业的需求、对消费的导向、消费者的爱好与行为等摸得一清二楚。对生产者,消费的行为反馈过去,指导生产方向、规模、品种等。对消费者,生产者的行为反馈过去,知道市场上有什么,哪里有好的,有什么差异,如何去寻找,等等。比如社交媒体,比如对问题的查询搜索等。如知乎这样的知识社区,关注大家都在讨论什么,什么方面热度比较高,这些东西是大家主观愿意展现的。生活中不管是生产消费过程,还是心理活动,通过大数据这样的平台和方法，通过分析挖掘，慢慢就形成非物质化的服务市场，在服务社会大众的同时，还产生了很好的利益。这就是前面说的，通过大数据去考虑怎样激发新的行为去产生数据。我们不是去问用户要数据，要让用户参与其中自发地，或者在不知不觉中贡献了最为真实的数据。

农业生产虽然有其科学的规律性，但在数据的记载与表现上，常常有其随意性，与其他行业相比，数据的记录在野外或比较复杂的环境之中进行，在很多时候没有习惯的养成和纪律等的约束。在农业大数据建设中，人们不只是和数据在打交道，本身不在于数据的复杂性，是在和两类有生命的个体（群体）及其行为在打交道，其中一类是人及其行为，另一类是动植物及其行为。这就需要从两个方面来解决，一是依靠自动化的仪器设备，这个后面再细说，二是靠研究一套数据记录者感兴趣的机制与方法。

对于生产而言，如果能做到生产用户主动地去记录生产中的相关数据，或者数据采集者觉得自己非常有必要去采集和获得这些数据，那这种数据的产生就是一种习惯行为了。这就是需要与被需要的一种关系，这也是研究农业产业大数据的机理与机制的重要一面，解决好这个问题，也就有效解决了农业大数据的数据源问题。

数据从哪里来，以什么样的形式出现，什么情况下才有，凭什么给你，给了你能不能看懂和理解，这种形式好不好，等等，诸如此类都是我们要去摸清和解决的问题。农业问题很复杂，在解决问题的时候，需要切成一块块去突破解决，或者说从一点的突破形成对问题的大解决。说到这可能有很多人认为，别的领域能够形成的大数据生态，在农业领域未必可行。在这里举个小例子供大家讨论，比如前面章节介绍的农产品质量追溯，这就是一个很好的突破口，如果我们把农产品质量安全仅仅当成是对生产主体的一种监督，要求他们去报数据，这一定搞不好，生产者一定想办法去提供他想表达的数据，甚至根本不配合。但如果这些数据与他们的产品宣传销售行为相关，以及一些不当行为在第三方评价的监督下可能会引起更大损失的情况下，这种积极性就调动起来了。

所以说，关键在于引导，这里既要有组织化的方式，也要有刺激和激励性的措施，社交媒体和电商也是如此，对于表现好的，会不断给你张贴更多的标签，赋予更多的权利和特权。当然我们既要有自上而下的方法，也要有自下而上的方法。

当然还有人可能会说，大数据不用考虑这些问题，其本身就是多维无序的，去研究方法就好了，再乱也能理出头绪和规律来，对于这种执着于计算机科学万能的科研工作者来说，我想就不和他们辩解什么了。在农业农村领域，如果没有好的引导和组织机制，没有一些变革性的举措，那我们所分析挖掘的，仅仅是或永远是农业大数据中网民舆情那一小部分。

2. 用大数据分析的知识和智慧反馈数据行为用户

正如前文所说，要把数据提供者与其能获得的利益绑定起来，这就能形成一个良性的数据循环，数据源就稳定了，数据就能源源不断产生，分析方法有了，结果又很好地反馈给提供数据的用户，当然还有更大的数据价值溢出，给了平台的建设运维者以及提供给第三方需要数据价值的群体。电商和社交媒体等何尝不是如此。

有人说，我国的农业目前尚不构成大数据，尚在建立数据的机制以及获取数据的阶段，还需要去构建规范体系，以及在促进行为数据有序形成的阶段。这话说对了一半，我们很多的数据体系，比如电商、互联网舆情等的数据是完全符合大数据的范畴的，关键是我们很多的学者没有把精力放到这方面去深入研究，或者说研究不够深入。

应该说，不管是政府在行业体系中建立信息员制度，还是一些行业协会等通过商业连接与会员共享数据，以及一些大的龙头企业通过订单、标准化生产等不断加强与生产端与消费端的数据联系，我国的农业大数据体系建设取得了不少可喜的成就，在这其中，大的框架机制有了，数据获取与应用的一些细节琢磨的人并不多，这是个问题，主要因为农业不像其他行业，重视的人群相对要少，而这些领域从短期来说，也赚不了钱，但作为农业领域之内的不管是管理性的官员，还是科研工作者，以及生产经营参与者来说，应该好好考虑这些问题。

大家有没有发现，农业管理部门更多地把精力放在对创新创业主体的理念引导上了，给他们办培训班，进行各种理念的教育，但在做这些的时候，常常把小农户放在了一边。我们经常性的思维导向是，反正他们不是产业的主流，我们把创新主体培养好了，让创新主体带着他们干就行了。

但事实并不是这样的，我们在以往的调研中，听到很多的创新人讲，他们的引导根本不起作用，甚至遭到抵制，比如生态农业，小农户就说，种地我难道还不比你懂？由于生产的规模化是这些创新创业主体组织这些小农来开展的，包括他们聘用的一些当地百姓做工人。这样，创新主体自己辛苦学习或请教来的东西就白费了，很难执行下去。这个时候需要从政府层面来提供协助，特别是农业管理部门的专家以及分支机构，更包括为农业管理部门服务的农业科研院所以及团队，小农户没有理由不相信他们，因为他们之间打了很多年的交道，他们手上的品种也好，技术也好，都是这些人群研究并推广下来的。

因此，政府对小农户的引导非常重要，如何引导？信息知识、大数据分析等以数据为实例的信息内容是最有说服力的，但要想办法通过政府管理者即农业部门的口径去说，从而营造一个比较好的用户接收信息的环境。而相对于这些创新创业主体，虽然我们有时也需要向他们灌输一些新的理念和方法，但显然，他们之所以投入农业，是看到了这些产业的意义、机会，比如说生态农业的发展前景以及造福后代的重要意义，所以对他们而言，不需要去解决这些根本性的问题。

前面说的生态农业的误解，同样在休闲农业的发展上也遇到很多的问题，甚至包括一些地方的农业官员，认为搞休闲农业就是不务正业、吃喝玩乐，这种思想在很多地方普通老百姓心中也更为普遍地存在，如何去引导好，就要充分发挥大数据的作用。解决好了这些问题，我们的创新主体在带动产业的时候，在从小农户手中获取数据的时候，显然就会更加容易了。

3.用小平台去对接大平台

在数据孤岛的年代，有些人手上的资源都算不上孤岛，甚至可以说是孤点，但却都是有用有益的数据，无数个这样的孤岛和孤点如果能够连接起来，就会形成一个很好的大数据体系。至少从理论上来讲是行得通的。这就需要每个拥有数据资源的人，想着用自己的数据去对接更大的平台，享受更大的权益。

还是要拿社交媒体来说事。很多农业专家，手上有很好的农业技术经验积累，包括一些品种品性，一些病害图片，都是珍贵的资料，但在以往他们都是固藏着这些宝贝，服务于他的指定人群，有一天他发现，社交平台让这些宝贝有了更大的市场，个人获得了更多的社会认可，于是他就慢慢地一点一点地拿出来分享，在服务社会大众的时候，这些信息在与用户的交互中又获得了更大的价值。这就叫用小平台去对接大平台。

一个研究小麦的科学家，其实手上关于品种特性的生产性数据是有限的，如果仅限于自己使用，常常发现不了新的问题，实现不了新的价值，但如果放在平台上和别的同行进行数据的整合，常常就产生了"1+1=3"甚至更高的价值。这就需要我们停下脚步去好好想想自己手上都有哪些数据。很多的农业人对手上的数据资源是无感的，在他们眼中，有时不认为这是个有用的东西，自然也没有对接与分享的心思。所以我们都需要认真地进行思考。

三、农业大数据的分析挖掘技术与应用

大数据的价值在于其应用，因此数据分析挖掘的技术很重要，这里一些很复杂的模型、清洗技术就不多说了，只从应用的角度来谈谈数据的挖掘。

1. 舆情分析

舆情是大数据走入人们视野的最早形态，在大数据这个概念刚刚兴起的时候，不管是演讲者，还是出版的一些书籍，或是一些研究报告，大多拿网络舆情来举例。比如说美国通过网络舆情发现一段时间以来，网络平台上流感症状的人特别多，于是判断即将出现流感大流行。

现在很多人说起网络舆情，常把舆情当成是一些负面问题的民意分

析，这样的看法是不准确的。舆情的研究和应用在如今不仅仅是负面问题的分析，而是通过对网络化的各类数据分析，研究过去，判断与决策未来。

当然，负面问题分析也是重要的方面，早在2010年，农业部就启动了舆情监测与舆论引导，有效应对海南个别乡镇豇豆农药残留超标，转基因水稻品种安全审批，大蒜、绿豆等农产品价格炒作等社会关注的热点问题，及时了解网民的想法，制止一些恶意谣言的发生。一些地方的政府部门通过大数据分析，实时了解当地民众对政府为民服务的看法，发现问题，建立清廉指数，如果指数上升，说明民众满意度上升，如果出现下降甚至急降，一定是某个环节出了问题，比如说某个办事服务大厅发生了一些冲突，然后在网上引起讨论等。一些地方医疗机构也建立当地的舆情监测机制和体系，实时了解医患关系，做到更好的服务。

对农业产业和农产品而言，特别是对于一些地方的特色主导农产品、地方品牌产品而言，大数据的应用，必须要考虑到舆情，这不仅仅是去了解外面负面的评价，更重要的是，通过舆情的实时监测和分析，了解产品在什么地方受欢迎？对人群进行分析，比如什么年龄段、性别、职业、教育水平的人喜欢，为什么喜欢，和别的地方比有什么不同。同样，可以建立起指数体系，通过指数变化，了解指数上升是因为一个什么事件，比如请明星代言，被某个大平台宣传，被某个重要人物称赞了。如果下降了，对应的是不是有些人在消费过程中有不好的感受，这就需要进一步去分析，是确实存在工作和商业做得不好的情况，还是误解，还是有人恶意破坏或同行竞争。通过大数据，我们不再盲目了，有了解决问题的手段和工具。

2.产业决策与可视化

大农业的发展需要很好的顶层决策，决策的依据是什么？数据！是越来越多越来越复杂越来越多元的大数据！

前面的舆情分析是一方面。对产业接下来比如说5年、10年的一个走向，发展规模、市场行情、产业变化进行定量与定性的判断分析，对接下来一段时期价格的变化进行预测，这些都是大数据决策的范围，这一方面取决于已产生可获得的数据的分析,另一方面也需要考虑政治、国际、气候、市场、技术以及与其他行业竞争性等综合作用下的因素考量。

对于技术而言,一个较好的大数据分析与决策,需要分析某一项新技术、新品种的情况,帮助生产者了解国内外权威的机构,专家与团队,技术的发展,当前技术的特点及应用情况,技术的适应性等。这在以往是靠着宣传和人与人之间的流传,但如果辅以大数据的基础,这种情报的准确性就更高了。

对于其他产品,比如汽车、化妆品等高利润行业,对于产品发展与消费者的喜好研究在大数据应用方面应该是比较热门的。对于农产品,比如水果,国内外虽有一些人在研究消费市场对外观、营养、供应季节、保健功能等的消费倾向和消费者人群的画像,但总体上来说,农产品的研究要相对弱一些。

3. 产品与服务智能推送

大数据推送信息的"可怕"大家一定都见识过。你在网上搜索过的东西,在电商平台买过或查询过的东西,甚至你和朋友同事在微信等聊天工具聊过的东西,顷刻间就推送到你手机上的各种平台之中。当然这些推送都是基于一些重要的算法与模型,出现在你的社交媒体中,包括抖音、快手等推荐信息的排序,都是有一定讲究的。

用户和流量很重要,目前农产品整体上是属于加入了社交媒体大的智能推送洪流之中,能否被推送,取决于你的运气还有你在这个平台的实力。

当然,当我们自己开发一些新的平台,如果这个平台的影响力不断增大,我们也可以考虑针对我们的用户进行大数据推送。但要考虑的问题是,我们似乎很难把我们的影响力做到足够大。关于这个问题,在社交媒体和知识服务章节中有过介绍。

四、大农业产业格局的数据支撑

站在当下及未来农业高质量发展的角度,农业大数据是未来现代农业发展的重要支撑。对于大农业而言，其实我们是有很好的数据格局和数据支撑体系的。比如在第三章知识服务中讲到的农技推广体系，其中很大一部分基层农技人员长年以来一直是数据采集的重要主体，近年来随着信息技术应用的深入，农业农村部及各省市县的农业农村部门更加完备了数据采集的手段与方法，对数据的要求也越来越高。其实很多搞农业信息研究的专家不太了解，如果深入县级农业管理部门去了解一下，这个数据体系还是非常完整的。当然这里面也有好多的问题，需要我们去完备一些手段，提高一些采集的精度，以及更为重要的是，要不断提高对数据的分析能力和利用能力。下面从三个具体方面来进行讨论。

1. 产业功能与分区

2017年4月10日国务院发布了《关于建立粮食生产功能区和重要农产品生产保护区的指导意见》，主要是为了保证粮食安全和农产品的有效供给，从政府层面对产地及规模，生产及安全，产出与供应做到心中有数、手中有尺、调剂有方。其中提出逐步实现粮食和重要农产品产地要素、生产行为等农业大数据数据源的在线化，实现该领域农业大数据的分析挖掘与决策管理，形成国家层面的农业生产安全的保障体系。原文如下："加强动态监测和信息共享。综合运用现代信息技术，建立'两区'监测监管体系，定期对'两区'范围内农作物品种和种植面积等进行动态监测，深入分析相关情况，实行精细化管理。建立'两区'信息报送制度，及时更新'两区'电子地图和数据库。建立健全数据安全保障机制，落实责任主体，在保证信息安全的前提下，开放'两区'电子地图和数据库接口，实现信息互通、资源共享。"这就是一个比较有清晰边界的例子，如何做好这里面的数据建设，大数据建设，是一个大文章。

具体的区域布局、气候条件、农田设施、品种分布、科技资源、产品特点、市场走向等，都是数据构建成的一个大系统。当然还包括这个"两区"之外连接的加工、仓储等全产业链内容。从深入的布局上来看，有点类似于西方发达国家，比如美国、加拿大等的产业带，但基于我国的现状，以及市场经济的发展，我们面临的问题是，我们可以规划具体作物，但决定不了具体种什么作物。

2. 国家与区域粮食安全

粮食安全是头等大事，粮食安全的保障需要大数据来支撑。作为农业主管部门，特别是这个行业的官员，他们对于具体数据的要求和把握，是非常清楚的。而在这里进行交流的目的有两方面，一方面与未深入这项工作的人群进行探讨，另一方面也希望我的一些观点能够对于决策者有所帮助。

粮食安全的解决不在于简单的有多少地，种出来产量多少斤。除了这些之外，还有过程中可能遭遇或遭遇了哪些自然灾害，作物本身的生长发育是否正常，比如开花是提前了还是推迟了，病虫害的发生，产量形成中预估产量的潜力情况，能否如期达到目的等。这些都是内因，还有外因，国际市场粮价的变化与供应情况，畜牧行业对饲料的需求情况，其他经济作物与粮食作物的争地情况，不同区域如省与省之间，地区与地区之间的产业结构调整情况。诸如此类，有太多太多的因素和数据需要考虑。

3. 产业体系与大数据生态

我们国家许多复杂多样的农产品产业形成了产业技术体系，并以此形成首席专家、岗位科学家、试验站以及试验基地等一体化的管理服务体系。这些大宗农产品都与我们生产生活密切相关。对于每一类农产品而言，建立国家级的大数据体系非常必要，而事实上农业农村部也正在筹建这些大数据体系。这里面不仅涉及数据的获取体系，同时还涉及因为管理和服务而需要的各类指数体系，比如产品的生产指数、景气指数、农情指数、流通指数、消费指数等。

拿稻米产业来说，有很多的角度需要用大数据去进行分析决策。比如进口的压力，就要去分析国际稻米市场、美国稻米市场等的数据，要考虑全方位的数据，特别是成本性的数据，差距在哪里，问题在哪里，竞争点在哪里，我们首先要做到心里有数。比如节本增效的问题，要通过大数据去了解成本构成，以及如何通过精确农业、统筹服务等方式解决成本的问题。比如提高产量的问题，就要拿各种生产的、试验的数据来分析，在不同年份下，关键生长环节的一些数据，以及气象等数据。比如抗灾风险的问题，需要通过数据去分析气候灾害的历史影响力，同类区域或国外的影响力，做到有备无患。再比如增值开发的问题，需要通过数据充分了解市场需求，通过市场的数据去定位开发，产品的类别、花样，以及潜在的区域与人群等，如何引导他们精准消费，市场需要多大的量，需要什么样的形式，是做米饭，还是米制品，包括饲料，还有稻壳稻草等的利用。可见新互联网时代，农业产业的发展离不开大数据分析与解决的手段。

五、小农业产业创新的数据驱动

不同于大农业的决策，小农业的边界没有那么清楚，组织化程度也比较低，因此对于小农业的大数据建设，更多要依靠一些社会化的工具和平台来实现。

1. 把小农业创新创业者聚在一起

小农业生产者没有具体的标签，他们是分散的，有些取得了成功，有些在努力探索中，还有一些人在观望。在社交媒体、知识服务平台等兴起之前，小农业创新创业者是孤独的，他们更多的是通过一些线下的社区支持农场或参加一些会议、论坛、展会与消费者进行交流。但社交媒体和知识服务平台，包括一些电商平台，把小农业创新创业者聚到一起。既然到了线上，就会激发表现，一旦表现，就会产生各类在线的数据，而有了数据，从理论上也更容易发现他们，连接他们。不管是集思广益，还是在产业链中相互分工，取长补短，做成更大的蛋糕，都需要大数据来帮助实现。在知识服务平台，由于共同的目标与追求方式，平台很容易根据他们的类同进行相互推荐，成为志同道合的人。

2. 为小农业创新创业者创造出路

有了用户和数据，就有更多的需求被挖掘出来，从最初的生产者用产品进行表现，相互间进行知识分享，开展线上产品销售，主动寻找线上学习的机会，相互间进行农资的交流，到现在的线上直播等，各类平台为小农业创新创业者提供越来越多的平台机会。但总体来说，这些服务都是碎片化的，没有一个很好的组织效应，主要是因为有好多主体没有参与进来,最重要的主体,一是政府,即农业管理部门,二是农业科研部门,即技术的供给与评判部门,进而来的更多的电商行业,农资行业等。对于农业主管部门来说,应该利用大数据的手段,去汇聚这些人,然后和科研部门等共同为他们找到更好的出路。比如由小农业汇聚起来的大市场、大产业,这就需要大数据的力量,政府和科研部门可以通过数据分析去了解市场的发展、热点与风险,当然一些行业协会也可以更好地在这里发挥牵线搭桥建平台的作用。

3. 用数据智慧引导小农业绿色发展之路

绿色发展是小农业的重要方向,因此在大数据应用上,引导小农业生产者的产业绿色发展是重头戏。但总的来说,小农业产业当前还处于一个比较混乱的局面,消费者很感兴趣,但在选择的时候心里没有底,或者说根本无从选择。而生产者有意愿,特别是那些创新创业的人,但他们不知道如何去经营。究其核心,虽然社交媒体产生了大数据,比如生态农业相关的大数据,但数据的支撑、分析和服务还是做得很不够。

六、生态农业产业大数据

应该如何及时跟踪和全面把握生态农业产业发展信息,如何借助网络大数据挖掘知识、市场、风险并加以应对,值得研究与探讨。

1. 用大数据精准管控生态农业产业数字化管理

生态农业产业可直接利用的系统性数据较少,这主要由于生态农业在近年来的发展中,理论概念用得多,标准研究应用得少,发展处于一种高速但又无序的状态,建立生态农业产业大数据网络迫在眉睫。

生态农业产业的数字化精准管理应立足全局、大局,从农业绿色发展的角度,立足于全产业链,用大数据手段采集、监测全国生态农业产业的区域潜力、生产主体的发展规模与动态、防灾抗灾能力、动态的产品与服务输出、进出口贸易等全链条数据与信息,并对比国内外生产形势与市场价格趋势,建立预警机制与风险应对机制,及时做出决策部署,实现精准施策。有必要基于数据要素的有机整合,涵盖生产、电商、舆情网络等大数据资源，根据国内外生产、流通、市场、消费以及舆论环境等形成热度、偏好、风险等产业指数体系，以利生产、消费和决策管理部门及时跟踪国内外产业形势并做出及时决策。

2. 用大数据精准服务生态农业产业消费市场和群体

生态农业消费近年来不断升级，但生态农业产业的价值链相比欧美、日韩等发达国家增值幅度不大，且有着较大的差距。如何利用大数据挖掘市场需求，了解消费期望和偏好，从而精准定位并服务国内及国外生态农业消费市场和消费群体，实现多元化精准消费，是生态农业产业未来发展的重要方向和农民增收的重要机遇。

一是要找准需求。通过网络大数据挖掘与分析工具，对主流网站平台、知识服务社区、社交媒体平台等全网数据统计型、宣传发布型、观点表达型、交流互动型诸多信息资源进行分析，了解消费现状、消费亮点、消费偏好、消费期望等动态信息，从而指导并规划国内相关生态农业产品品牌建设。应分类关注不同年龄、区域、消费层级人群的消费习惯、消费能力、营养与饮食需求，做好精准挖掘、精准指导、精准服务。

二是要精准施策。在了解消费需求的基础上，如何满足消费、服务消费并引导生产，需要通过大数据挖掘国内外生态农业产品与服务的进展、成熟经验、消费反应等诸多信息，在反馈到对消费群体精细服务的同时，指导生态农业生产主体的产业布局决策与调整。在产品宣传的大数据引导与技术性服务方面，当前的社交媒体与社会化服务在农产品营销领域已比较成熟。但在大数据的平台化服务方面目前问题较多，农产品的引导消费更多靠的是地方官员"站台"、网络红人吆喝，而少见科研团队、专业机构等服务。需要尽早转变观念，尤其是当前新冠肺炎疫情常态化、国际贸易形势不容乐观的形势下，相关科研团队和专业机构应转变思想，除了做好常规的科学研究和业务管理外，把一部分时间和精力放到对接市场、服务消费的经济发展大格局中来，用大数据做好精准施策，引领生态农业产业消费升级的可持续、精准性的社会化服务。

3. 用大数据正确引导生态农产品科学消费观

当今互联网时代，社会大众与网民群体越来越重合，特别是活跃的社会大众消费群体，基本上都属于网民群体。而当前网民群体获取信息的渠道主要是主流媒体网站新闻以及社交媒体、互动社区等，而不仅是统计年鉴、政府工作报告或专家论文。因此政府机构、专业组织和专家针对相关农业产业的问题要及时发声，要学会发声，形成舆论的正确引导特别重要。

健康、节约、环保是生态农产品科学消费的主题，但网络上的声音真假难辨，科学知识与伪科学消费掺杂一起。舆论的发声要基于数据事实为依据，要善于把以往政府和专家的信息转化为网民可理解、可信任的知识，从而达到舆论发声的效果。虽然当前的这种发声也有，但总体上还是不多，且效果不是太好，更多还是基于体制内的逻辑和语言进行表达。对于网络谣言，生态农业产业管理与行业研究部门及群体应及时进行舆情疏导，化解广大网民无端猜疑。很多情绪的表达表现在网络上，但还有很多隐藏在线下，应主动出击，以数据事实化解猜疑。

要主动引导社会大众科学的消费观，改变传统的不良的、误以为生态的消费习惯，通过生态农产品的消费规模扩大，保障广大消费者健康；要通过生态农产品营养与烹饪特点宣传，影响并引导消费者合理饮食、节约食物、精准消费；引导消费者把注意力从食品本身放大到整个生态农业产业中来，用舆情大数据引导生产者、消费者及流通商们注重全过程的生态与环保，除了保障产品与土地本身的生态价值外，特别是要尽量减少使用包装材料、使用可降解包装材料、对包装材料的回收使用等。

4. 用大数据高效对接生态农业科研与推广

科研与推广的"两张皮"问题一直困扰我国农业科技成果的转化与农业高质量发展。生态农业产业领域同样面临这样的问题，科研的成果不落地，推广的技术无处寻。大数据的应用可以突破当前相关的不利机制，实现科研与推广信息的有效对接。

生态农业产业研究优势的科研团队在哪里？都有谁？优势表现在哪个方面？是否得到科研同行的认可？是农业推广工作者、生态农业生产、加工与经营者特别关心的问题。在以往，碍于相关考核与绩效机制，科研工作者专注于科研和成果发表,较少或不重视成果的推广与应用。建议生态农业产业的管理与科研业务机构、行业协会与平台等应主动作为,建立多种形式的生态农业产业知识服务平台,基于"中国知网"等科研成果数据库、"知乎"等高端知识服务社区等获取数据,通过大数据分析工具,充分挖掘上述信息,形成直接面向科技推广部门、生产、经营者群体的可视化知识服务平台,并通过相关增值与市场机制实现双方的对接与成果转化应用。

此外,对于为数众多的生态农业从业者,传统的农业技术推广人员知识陈旧,有经验有成果的专家不知哪里找,可通过大数据手段对生态农业产业从业者的用户行为进行分析,从而实现科学信息与知识的精准推送,有效解决农业技术推广体系当前面临的诸多问题。这也将倒逼从事生态农业应用科研的工作者重视科研成果的落地与可操作性,学会表达与传播拥有的农业科技成果,加快成果的中试与示范,真正实现"把论文写在大地上"。

七、县域农业产业大数据之意义

县域是基层最重要的行政管理单元,我国有2600多个农业县,每个县都有自己独特的农业产业,农业产业是县域经济发展的基础,面对现代农业与数字农业的发展未来,做好县域农业产业大数据迫在眉睫。做县域农业产业大数据要有自己的想法,不要认为人家建了我也一样建,人家怎么做的,我们也跟着做,而是要从切身实际出发,做自己的特色,实现自己的目标。

1. 满足管理者对县内农业产业的精准把控

作为一个地方农业农村主管部门的领导,比如说分管农业的副县长、农业农村局局长、副局长,应该对身边的农业主导产业非常清楚,不能仅满足于以往总结报告或PPT里的数据,要实时动态地掌握相关的信息,比如今年种的什么品种、种植多大规模、在不同乡镇的具体分布、当前处于什么生产季节、根据往年的数据预计今年产量能达到多少、市场行情如何。这些数据和信息要用事实说话,用动态的大数据系统来支撑。要通过收集数据，创新性地让相关领导实时地了解情况，比如自动形成个性化报告、变成手机上的一个 App 或微信小程序等。

农业农村主管部门或领导本人可以随时随地在手机上掌握产品的生产规模、分布、采用的品种与技术、当前所处的生长状态、对接销售的渠道、各家合作社的产能等一系列的个性化、可视化、系统化、即时性、动态化的产业信息。

2. 满足管理与经营者对外部竞争与市场的及时洞察

我们不能闭门造车，关起门来搞产业，要了解外部的情况，比较并发现自己的长处和短处，知己知彼，才能有的放矢，强大自己，在市场中立于不败之地。要实时获取基于本地特色产业的全互联网大数据并进行分析，这就显得非常重要。我们要了解外面的技术、专家团队、新的品种、新的产品或精深加工消费导向。我们更要知道外部哪些省份和地区都有同类种植，和他们相比我们有什么特色，以及外面的市场行情，价格变化等敏感信息，在一些大平台，如京东、阿里等的产品指数变化。

同样我们还要了解本地特色产品的影响力，产品在本地的影响力，在国内外的影响力，这是我们布局生产，谋划营销的重要依据。对产品反面的舆情监控，对竞争对手的监控，对发展的一些追踪也是非常重要的，比如他们办了一场什么活动，发了一则什么新闻，这都是竞争对手需要去了解的，这叫定点准确监控。

3. 满足依靠数据信息对外宣传县内特色产业并吸引投资

一个地方农业产业得到发展，农产品卖出去，卖得好卖出品牌，带动地方农民致富，对于农业农村主管部门来说，是主要也是最终目的。这就需要利用大数据作为支撑来做好宣传，不能满足于自己关起门来宣传，或者上级领导、投资者和观光客到你这个地方来了进行宣传，还要更多地在互联网上去宣传、去吸引外部的投资、专家资源以及消费市场。

要靠大数据平台的数据说话，尽量少一些定性的描述，要学会把定性的描述变成定性的结论。比如要把产品的特点反映到产品的追溯应用上。要创新自己特色的农产品追溯方式，不要随大流，依靠大数据利用追溯把宣传做到分散性的用户中去。

4. 满足县域体系内外产业衔接与产业链高效运转

一个县的农业产业是不可能形成全产业链闭环的，可能场地环境好，但加工不一定行，加工行，但销售能力不一定行，即使这些都行，你的市场肯定不行，要卖给县外的市场，那么要靠什么去跟外面对接，靠嘴靠广告对接是一方面，但更重要的还是要靠数据去对接，这样大数据的作用就发挥出来了。

大数据的应用在于理顺各种关系，建立数据运转的生态，因此，围绕县域体系内外业务与产业链高效运转的大数据构建机制非常重要。一套有效运转的大数据应用系统必将信息采集者、发布者、接收者，以及生产者、流通者、消费者和管理者有机地联系在一起。

八、县域农业产业大数据之内容

明白了农业产业大数据的意义之后该干些什么，也就是大数据建设包括哪些内容，主要有以下方面。

1. 把县内农业产业特别是特色产业的动态发展进行数字化

为了管理和宣传特色产业，要抓住产业的几个重要要素。比如本地的环境特点，要体现本地适合生长这个，品质好、产品安全是有保证、有依据的。本地水资源条件好（水系发达、水体质量好）、土壤好（某种适合生产的土壤类型、土壤肥沃、含有某种有益元素）、光照条件好（处在什么纬度、空气质量高、晴天多）、温湿度条件好（如昼夜温差大，适合糖的积累、产品甜度高）、病虫害发生少（气候条件不适合病虫害发生）。再比如品种特点，即品种的亲本优势、与同类品种的评比或获奖结果、品种及环境造成的产品特色（外观、口感、营养等特点）、品种的季节供应优势等。再比如规模与产能，我们能发展的规模是多大、当前种植或养殖的规模有多大、近年来种植或养殖的规模情况、在不同乡镇或片区的分布、预计产量与供应市场的数量等。再比如产品的栽培或管理特点，都是什么样的栽培管理模式、肥料供应有什么特点、病虫防治有什么特点。还有产品的第三方评价，获得哪些农产品质量等级证书，上级领导、行业专家、社会名人、消费群体对产品的评价与肯定等。这些要素，要拿数据来说话，不能是以往的表象描述，而是动态的数据分析结果，这就达到了特色产业大数据所要展现的效果了。

2. 把国内外这方面同行的产业发展动态拿出来做动态对比

如果要把一个产业做大做强，就需要去了解自己的同行和竞争对手，对于农产品也是一样，有很多特色农产品，比如石斛，产地很多，各个地方都有其特色、宣传渠道和市场定位，但在市场上难免要引起激烈竞争，从产业角度上来说，我们要直面这种竞争。如何去提高自己的竞争力，就需要大数据的手段，去了解别人的能力。要通过互联网中信息的定期抓取，一些研究报告中的点点滴滴，一些文献资料中的案例描述，当然还有很重要的是要去看政府新闻，农业产业报告等一系列数据信息然后定期形成综合判断。这里面需要两个东西，一个是稳定的收集信息的机制和方式方法，另一个就是对数据分析形成决策性的意见建议。

3. 把产业经营、消费舆情、知识服务的互联网大数据拿出来做指引

产业舆情涉及方方面面，要形成好的决策服务就需要洞悉更多更全面的数据信息。在产业经营方面，不管是国外，还是全国这个行业，以及具体的地域，都有一些公开发布的数据资料，需要认真去分析这些产业发展的规模、产能、产品类别等一系列信息，做到心中有数，了解这个市场是否达到了饱和。消费者获得舆情可以借助当下一些专业的舆情公司、大数据公司进行产业分析，自己搞肯定是不行的，获取数据的手段本身就不行，提出自己的需求，让他们帮你获取数据并分析数据，了解了消费的舆情之后，产品的投放就有的放矢了。知识服务就比较难一点了，当前易获取的知识大体分两类，一类是像中国知网这种期刊性数据，但这类数据的问题是，要么有些东西太过专业，要么有限于期刊要求，大多数学者提不出对产业的真知灼见，况且搞基础研究的对产业也不是太了解。另一类就是知识社区，像百度贴吧、微信公众号、知乎这一类，不同人群都可以来发表意见，不受格式限制，这样的数据能反映真实的愿望和观点的表达，当然数据的获取也得与大数据公司来合作进行。

4. 把县内农业产业全产业链中的环节弱点拿出来剖析并决策解决

既然是分析决策,不能光挑好的看,正视自己的弱点尤其重要。在县域农业产业大数据建设中尤其要把弱点这一块专门拿出来研究,而不是一味地展示自己自豪的地方。在包括品种弱势、技术储备不足、加工能力弱、物流不畅、宣传意识不强、电商不发达、有效品牌少这些方面问题上,要拿数据说话,直击差距,然后拿这样的差距去刺激发展,促成稳步上升的产业动态。明确了问题所在,也就更容易通过大数据去发现解决问题的办法。

5. 站在信息的高地以产业优势为旗帜进行指数发布与产品宣传

一味地获取数据、掌控情况、分析问题,不是解决问题的全部,正如前面所说,把东西卖出去才是王道。那就需要利用大数据的展示与分析决策去宣传产品,通过指数发布,在所在的县建立这个农产品行业的信息高地,因为掌握的信息全面,能把生产和市场看得清。当然这种宣传是个技巧,既是数据的表现,比如发布这个产业的指数,又是题材的宣传,立足弘扬这个产业整体,去宣传这个产业的情况和文化。简单来说,就是要围绕这个信息高地来做好各方面文章,包括品牌建设。

九、县域农业产业大数据之办法

站在技术的角度上来说,县域农业产业大数据的平台建设无非解决如下问题,即数据从哪来?数据如何用?数据用在哪?

1. 解决数据来源的问题

明确了搞农业产业大数据的目的,就要简简单单地去搞农业大数据,而不要那么复杂。县级信息技术人才本身并不多,相关的人力资源有限,每个人手上的其他工作也很多。不能把大数据的建设与应用搞成不实用又劳民伤财的东西,成了一个内耗型的业务,不仅没有解决问题,反而增长了工作量,做了一大堆无用功,慢慢地运转不下去了。数据源的工作是最难的,要由简入繁。县级农业产业类型复杂,不要想着"一口吃成一个大胖子",挑特色的主导产业入手,如果这个产业理顺了,再来复制建设其他产业,就简单多了。也不要过多考虑一个产业的方方面面,为了宣传就从宣传角度入手，为了管控就从管控角度入手。有了信息的定期即时保障供给之后，系统就会实时自动生成各种类型的数据，并有其地理分布图，可以看到某个产品在不同乡镇的规模及其他图示化呈现的东西。那么如何让这些信息员去收集数据呢？要让参与变成主动行为，让随手很容易解决的问题，变成一种他们做起来感觉很好玩的东西，当然还要尽可能地研制一些仪器设备工具，一方面提高精度和便利性，另一方面可以定位而不能造假，千万不能搞成强制的任务摊派。

2. 解决数据分析挖掘的问题

数据分析挖掘的问题是个专业的技术活，地方政府自己干不来，农业科学家也干不来，信息技术开发者也干不来，应该把相关的这三方团队聚在一起，让管理者和农业专家出主意，把需求找出来，然后让信息技术的一方去实现，这是最有效的方法。

3. 解决大数据决策与服务应用的问题

用什么样的形式来呈现，不要只想着一个大屏幕和电脑上的一套系统。比如移动式、多布点的展示，领导干部手机上随时能看到，消费大众微信小程序能找到，外出办展参展能便捷带着，园区公园能看到。要形成有影响力的报告并发布，通过大数据智库平台生成的皮书、产业可行性分析、市场预测分析、市场调研等报告。或者是专业性报告，详细就产业产能形势等进行数据的综合分析和外部分析，提出相关发展建议，以及对振兴乡村、劳动就业、社会化服务、环境生态等一系列发展方向的指引，这是给决策者看的。再就是案例宣传，这是给中小型企业，龙头企业，包括外部群众看的。有了这么多数据，你对生产特点的记录这么详细，那就得展现出去，最后形成画册也好，在线专题也好，充实到微信公众号也好，这个需要提前规划一下，是面对大众的，而不是只面对领导和官员。

十、县域农业产业大数据之提醒

目前农业大数据平台的建设风生水起，不得不说，确实取得了很大的成绩，但这其中，特别是县域农业产业大数据，却存在着太多普遍性的低级问题,这些问题值得我们深思。

1. 花大量资金来整合传统的生产性数据

这是很多地方搞农业大数据的通病,不知道是没有真正了解大数据的概念,还是觉得大家都在搞数字农业了,就得把所有的数据都放到平台上,放到网上,因为数据多、数据量庞大。这种不计成本的做法,却没有考虑这样做到底是为了什么。显然,盲目跟风者是多数!

大部分县级的财政资金并不富裕,站在县域的角度,首先要明白搞大数据到底是为了什么。要基于目标、基于需求来做事,而不是别人做什么就跟着做什么,要考虑做事的成本与效益问题。

事实上,我们常见到的是,为了搞大数据,有的地方把多年以前的纸质数据也搬出来进行电子化,做着无用功。或是开个协商会,把所有部门的人都叫到一起,绞尽脑汁来想想各部门各单位都有什么数据,然后要求把这些数据都统一汇集到一起去存储并展示。甚至有的县也要搞什么种业大数据工程,搞什么植保病虫害防治工程大数据。我想在有些领域,应该有一个全国性或全省性的平台,上级顶层设计好了,你按要求去干就行了,千万不要自己再搞一套。

我们不禁要问:这些数据对今后本地的主导产业发展有用吗?传统的这些数据采集及计算科学准确吗?这些数据和我们现在要做的产业发展相关吗?这些数据今后持续采集的工作量和资金投入我们能承受吗?传统的数据采集机制与需求在新的产业生态面前还有存在的必要吗?

2. 把传统的数据及趋势放在大屏上展示

把数据电子化并放入数据库,在屏幕上展示,或者是用图表展示一下趋势,这是我们能见到的农业产业大数据的通常做法。就好像以往一些科研工作者写在论文里的图表,如果放在宽大的屏幕上展示了,一下子显得高级了。然而大数据的意义在于应用而不是把数据进行展示,是对数据进行深入分析,了解未来策略,是一种决策应用,是数据走向知识走向智慧的体现。

3. 用上了物联网传感器就是做了大数据

在农业信息化领域,有一个通病,我称之为"概念抛出去快,理性收回来慢",当在上流社会引进了一个新的信息技术概念后,很快成为一个潮流,以迅雷不及掩耳之势,横向纵向地传播开来。但在发展过程中,当我们开始重归理性,科学看待的时候,这样的声音却很难且很慢才能传播下去并整体地回归理性。物联网、大数据、智慧农业、区块链免不了都掉入了这样的怪圈之中。

当然,在广大园区乃至田间地头用上物联网与传感器,这在更大程度上是信息技术企业的生财之道。很多参与大数据平台的信息技术企业有这样的问题:企业负责把采集数据的通道建了,数据库结构搭了,至于数据能不能采集得上来,就不是企业的事了。我想一个负责任的信息企业在参与地方大数据建设时,应该和地方一起研究和探索数据源产生的机理与机制问题,不仅要建好数据的通道和数据分析应用的方法问题,更应参与到数据的产生与运维服务中去,毕竟对于地方政府来说,这些才是真正的难点。

在这里我们不去贬低物联网与传感器的作用,但我们同样要考虑的是,不是用上了物联网传感器就建起了大数据。多元渠道获得有利于产业全链条发展的实用数据才是根本。关于物联网及传感器,在下节中再做进一步的应用分析。

4. 让领导参观一下我们正在做的大数据

我们常常把大数据中心作为一个参观场所。在大数据中心的大屏前,总是地方领导或农业农村主管部门带着上级领导过来听讲解。诚然,不管对于领导来说,还是对外宣传角度,让管理者现场了解产业的优势与趋势确实很重要。但值得提醒的是,除了这种大屏的形式,我们是否应该给领导或管理者提供更为简便的形式,比如电脑上的一个客户端,一个手机上的小应用,当然,也没有必要面面俱到,择其关键以及重要环节,比如好的方面,优势的数据,差的方面,风险的发生与把控等,从而提高效率。

更重要的是,县域农业产业大数据服务的对象不只是领导和管理层,还应考虑到县域内从事生产经营与研究实践的人群,我们县外有着业务联系或消费联系,关注着我们产业发展的人群,甚至我们希望把产业传播到有益于产业持续发展的人群。这就需要我们不要把县域农业产业大数据平台仅仅关在展厅里，而应该走到互联网上，走到人人容易发现的社交网络、宣传媒介之中。

5. 只在家里来做我们自己的大数据

县里的那些数据能不能称得上大数据，答案显然是否定的。对于产业大数据而言，正如前文所说，我们不仅要了解自己，更要了解外面的世界，后者显得尤为重要一些！外面的竞争对手，整个产业的发展，产品在外面的口碑，整个产业的前景与发生或可能发生的风险，消费用户的画像给产业当下及今后发展的决策与指引。

然而现实是，各个县里还是更多地去处理田里和电脑里的那点数据。正如前方所说，我们要善于去发现和分析这个产业外面的数据，不要闭门造车。很简单的一个道理，当我们在网上搜索或买了某一件商品之后，类似的信息推送就来了，这才是大数据。大数据时代，农业人不要局限在自己原来的农业统计分析式的传统思维之中。我们要去分析外面大的形势，我们要去分析同行特别是竞争对手，这才是大数据的关键所在！

第三节 智慧农业

智慧农业是个新宠,有人捧上天,有人冷嘲热讽,但我觉得,还是应该坐下来理性分析。

一、智慧农业的理解

用智慧的思路、装备、方法和技术来从事农业生产、经营与决策,我想这是一个比较粗浅且通俗的理解。或许很多从事智慧农业的科学家有他们的理解,但这并不重要,因为智慧农业不仅属于研究者群体,它更应属于与农业相关的社会大众,乃至整个社会群体。

1. 概念的模糊性

正是因为概念的难以确定性,所以智慧农业常常是一个模糊的概念,和我们常说的数字农业、农业信息化、精确农业等互为引用。有至于有些人为了把自己开展的工作说得高端一点,就冠以智慧农业的称谓。当然这也没有错,只要是相对于原先传统的,在思路上、装备上、方法上、技术上等更为智能方便的做法,都能理解为智慧农业的范围。

2. 概念的专一性

概念太空泛就容易被人钻空子,在很多从事专业性智慧农业研究与应用及商业服务者的心中,智慧农业的概念有其专一性。比如说,在"知乎"中搜索智慧农业的专栏,我们看到更多的讲的是物联网传感器、大数据分析、云计算等现代信息技术的应用。主要偏重于硬的信息技术、装备以及数据的处理方法等。

3. 概念的整体性

从我的理解上来说,智慧农业除了前面所说的这些硬的技术、装备之外,还有我们不断发展和突破的思路和方法,正是有了技术到装备这个基础层的铺垫,才有了突破性的思路和方法出现。而站在农业生产经营整体发展来看,我们更需要的是思路和方法,因为技术和装备更多联结的是产业中的环境和生物,而思路和方法联结的是人,人的行为,以及整个市场、经济、人文、生态和社会。

因此,我们需要的是基于智慧农业的整体的解决方案,比如说基于某一个具体的产业,用全产业链的思维来推动产业发展。这样的智慧农业,我们不妨脑补一下:产前土壤、气候环境等大数据,农资投入品的标准化;产中生产过程的标准化,比如水肥药一体化,基于物联网传感器的环境控制与监控,田间档案采集的智能化,用数据建立对应的作物生产模型以指导今后的生产;到产后的标准化仓储加工物流用到的智慧信息技术,农产品质量安全追溯体系的建立,供应链的分选、分级,品牌的包装宣传与推广所用到的社交媒体与产业大数据,销售的标准化如交易平台,分级销售,会员客户,优质优价,售后跟踪等。当然,这不是一个个框框,而应是一个个整体性的规划设计和可以决策突破的思路依据。

二、智慧农业中的硬技术、强分析与新逻辑

智慧农业是有前景的,原因很简单,智慧应用中不管是硬件、软件、还是逻辑思维与办法,都已经成功应用于其他诸多领域,并完全融入甚至主宰了我们的生活。我们先来聊聊那些硬技术。

1. 物联网传感器

传感器可以说是智慧农业的核心,较多的科研工作者至今仍把智慧农业归结为物联网,甚至还出现了物联网农业的词汇,甚至换句话来说,传感器在农业上的应用,是智慧农业这个提法的开始。

传感器通过小型的物理性装备去感知或测定数据,包括存储甚至简单分析,然后通过网络进行连接以及传输,进行汇集、展示以及分析与决策。

传统的农业科研工作者一定会羡慕传感器的出现,比起当年靠肉眼、尺子、传统的温度计等,在复杂又艰苦的环境下流着汗、冒着雪、顶着

风、扎着芒,去手工测定一些数据。比如我当年,为了连续48小时(间隔2小时)在水稻不同生育时期测定稻蟹复合种养稻田土层数据、不同水面的温度和溶氧等指标时,就吃过这种难以想象的苦。如今坐在办公室或躺在床上,传感器轻松搞定。

传感器的应用还很多,比如大田、设施农业、冷链物流的控制,生产线上各类数据的记录与追溯,在农作物的节水与灌溉上应用,畜禽养殖与水产养殖的环境监控、动物一些生理特征的监控,山地果园的环境监测等,不再一一叙述。

2. 卫星遥感

在古代观测或预测天气,是靠着从地上往天上看,比如著名的诸葛亮借东风。但现在更多的是从天上往地上看,因为有了气象卫星,看的精度和准确度也提高了。通过卫星从天上往地上看,这就是卫星遥感。

卫星遥感应用于农业,主要是分析观测农作物等的长势,营养状态,受灾程度,不少科学家正在这方面开展着研究。但从当前的农业生产管理的决策决定因素来看,不客气点说,我们还是说得多,做得也不少,但用起来的并不多。这里面的问题在哪?可能研究还得继续努力吧。

3. 低空遥感

从天上的卫星看离得太远,受云层等气象因素影响大,那我们就凑近一点看,这就有了低空遥感,特别是无人机技术的迅速发展与成熟后,基于无人机搭载高速高清摄像以及高光谱等设备,对土壤和植物的观测能力就更进了一步。当前主要集中在水肥管理、病虫害发生及防控、产量品质形成等方面的研究。同卫星遥感一样,鉴于农业生产的复杂性,这方面的研究也尚在不断推进之中。

这里需要形象地科普一下高光谱技术,传统的照相技术就是呈现物体的样子,无非像素高一点就更清晰一点,但高光谱就像做CT和B超一样,是能够发现土壤或植保内在的东西,这个内在不仅是物理与生理结构,还包括其中的营养与元素成分。

4. 表型识别

举两个例子来理解表型识别。对着一株不认识的植物拍一张照片,程序告诉你这是哪一种植物,这是第一个例子。系统能通过对一头奶牛的行走、卧躺、摄食的动作视频来分析判断其是不是生病了或发情了,这是第二个例子。这两个例子背后的原理,不是简单地进行教科书式的对号入座,而是在经过复杂的计算和参数设置从而得出的经验或精准性结论,以帮助人类精准决策。

5. 区块链

区块链是个时髦的新技术。其主要是保障数据的真实性与不可篡改性。专业一点来讲,它是一个共享数据库,存储于其中的数据或信息,具有"不可伪造""全程留痕""可以追溯""公开透明""集体维护"等特征。基于这些特征,区块链技术奠定了坚实的"信任"基础,创造了可靠的"合作"机制,因而被认为具有广阔的运用前景。

农业中的区块链研究也是热门,但要注意的是,区块链最初更多是应用在金融上,这对于相关群体来说,数据真实不可改是维护公平正义的共同愿望。在农业领域,当然也有类似的需求领域,但如果这一生产经营行为本身就具有不可约束性,那区块链能走的路与将要走的路是否完全不一样?比如说,金融中资金不管是什么形式,都得在线上留痕,这样就具备一个基础的条件,是一个线上能控的数据。但农业的很多领域,比方说农产品质量安全追溯,很多的数据还只是意愿的表达,这样这个基础就不存在,比如不愿提供数据,或者说这个数据的提供是不可严格控制的(如打不打药,打多少药,不是生产流水线所能准确记录的,不能简单地靠仪器在无人干扰的情况下测定的),那区块链的应用则需要仔细考虑是否真有必要。

6. 大数据

大数据是从海量的碎片化的,甚至充斥着垃圾信息的数据堆里发现有用的规律,这些数据的复杂性、数据大的程度已经突破了人脑的能力。当前农业大数据在农产品电子商务,产业发展与品牌建设的舆情方面发挥了很好的作用。

我们经常发现,当在手机上查找或阅读甚至拍了一张某个农产品的照片时,手机中的社交媒体、电商平台就会主动推送展示这类农产品的信息,这就是大数据的力量。

7. 云计算与云存储

云的概念其实早在多年前就提出来了,而其中应用也从不解走向成熟。云存储造福了很多的人,我们已经习惯把自己手机上、电脑上的数据放在云上去备份,保证到哪都能用,电脑或手机坏了数据不丢失。

芯片技术的快速发展,让每一个传感器和摄像头都成了一朵云,实地解决数据的存储问题并实现云的共享,并以云计算的方法共同分析问题、解决问题。云计算的概念就是很多人虽然不坐在一起,但在网上(即云端)一起研究问题解决问题,只不过这个人脑变成了电脑。

8. 远端控制、自动化与无人化

无人农场、无人圈舍、无人鱼塘、无人温室等近年来成为新的研究热点,让生产变成远端控制、自动进行的模式。通过遥控,实现自动化、无人化操作。在这背后,其实是各种复杂业务逻辑的精确计算。我们看到的温室大棚的自动卷帘机,玻璃温室内的温湿度自动控制等是比较简单的智能无人化,而在奶牛等畜禽饲养、水产养殖等方面,这种无人化取得了比较好的进展和应用实效。总体来说,自动化与无人化主要应用在设施农业中。

9. 虚拟现实(VR)技术

VR 是 Virtual Reality 的缩写,中文的意思就是虚拟现实,简单直白地说,就是以科学数据和原理为基础,用立体的图像和视频场景把目标对象全方位展现出来。基础是以前常提的多媒体技术。它是集计算机技术、计算机图形、计算机视觉、视觉心理学、仿真技术、微电子技术、立体显示技术、传感与测量技术、语音识别与合成技术、人机接口技术、网络技术及人工智能技术等多种高新技术集成的结晶。

在农业嘉年华常见的是戴上立体眼镜、数据手套等特制的传感设备,面对一种三维的模拟现实,似乎置身于一个具有三维的视觉、听觉、触觉甚至嗅觉的感觉世界,并且人与这个环境可以通过人的自然技能和相应的设施进行信息交互。比如可以站在不同的角度去看一棵果树的形态,甚至可以像孙悟空一样钻进植物的维管束里去发现内在的奥秘。目前农业的 VR 技术主要还停留在科普的沉浸式体验之中,未来在科学研究上还有极大的发展空间。

10. 创新管理与服务的新逻辑

正如前面介绍的智慧农业的理解，不仅在于硬的技术与强的分析，这里面还有很多创新的逻辑。当智能信息终端，如手机、平板电脑还不那么普及的时候，我们很少去谈互联网的扁平化，但现在人人社交、人人电商的时代，扁平化就成为这个时代一个重要的符号，表现在农业上，也标志着农业进入了智慧时代，比如农产品的社交电商、农业的创意设计、自底层孕育而发的农业文化传播，等等。

在农机领域，原来更多是一种购买产品的形式，而如今则变成了购买服务的形式，生产者不需要拥有产品，购买服务就行了，因为即使购买了产品，你还得会用，还要保管、维修，解决利用率的问题。在广东，分布式冷链仓储也变成了一种从建造产品变成购买服务的形式，我们把这个称之为共享经济。这就是农业领域的共享经济，是智慧农业的生态之一。

11. 智能办公与智慧管理

传统的信息技术在办公和管理方面取得了很大的进展，但多见于第二、第三产业，相对来说，在农业领域还表现得不充分，虽然在一些国家级的农业科研教育单位，像中国农业科学院这样，已经建立起高效的智慧管理办公与科研服务系统。但在地方，尤其是基层，虽然数字农业叫得响，但在实战化应用方面，尚有很长的路要走。比方说，在能看到的县域农业管理部门，仍然是用一些传统的方式来获知和分析区域农业的潜力、规模、特点、风险和市场，这里说的传统不是非信息化时代的传统，而是相比较十年前的状态。但这也是智慧农业，让管理者用数字化手段去管理好产业，去服务好生产者和市场。

三、智慧农业应用现状

在智慧农业受重视的今天，我们见证着不同领域的应用案例，相关的社会资本也极为重视智慧农业的发展。近年来，阿里、京东、百度、腾讯、华为、拼多多等众多互联网大佬都纷纷进入智慧农业领域，促进了智慧农业科技的提升,取得了很多较为显著的成功和成绩。这里选择一些突出的领域进行介绍。

1. 生产可控的设施农业种植

以琉璃温室为代表的设施智慧农业是当前最为常见的智慧农业研究与应用形态,大家一定也见得比较多。其主要是围绕设施农业中借助框架环境、光温湿控制、水肥药管理、栽培管理手段,生长模型研究、智能采摘与储运等为一体的高科技智慧农业形式,其最初引进自荷兰等西方发达国家,并根据我国的一些气候特点进行了一些改良与优化,同时也创新了一些中国特色的科技环节,包括材料应用。当前主要应用于生产、观光以及科学研究。从生产角度上来说,比如说育苗,使得育苗提前、苗质更壮、便于运输、效率更高,形成了一个全新的育苗产业,这里面离不开智慧设施农业的功劳,常见的有水稻工厂化智能育秧,各类蔬菜育苗,草莓、马铃薯脱毒育苗等。现在有很多水产品的育苗也应用了智慧农业的手段。更为重要的是,智慧农业下的设施农业解决了不同地区农产品的错季供应问题,提高了产量,加快了生产进度,降低了风险,解决了常规露地栽培解决不了的问题。

2. 大田生产的精确监控与管理

智慧农业在粮食等大田作物中的应用,主要还是在大田物联网监测系统上,这里面有生产的角度,有政府管理的角度,还有科研的角度。从政府的角度,保障粮食等农产品安全,降低风险,精准把控,很有必要;从科研角度来讲,获取基础数据,建立分析模型,通过决策分析再更好地反馈与服务好生产,也是意义重大。而对于生产,各方观点不一,总体来说还是应该因地制宜,优先解决必须必要环节,而不应是面面俱到,生搬硬套,毕竟这里涉及一个成本的问题。

简单分析一下相关的原理。智慧农业衍生出的大田物联网监测系统主要包含三个部分:信息采集、设备的自动控制和信息的发布与智能处理。信息采集的设备主要是前端的传感器,其中包括土壤温湿度、光照、风速、雨量等,将这些传感器放置在田地间,通过对农作物生长环境的监测,进行实时数据的反馈,从而为农作物生长提供精准的监测和科学依据,实现智慧农业的数据传输;设备的自动控制有灌溉系统和水肥药一体化系统,一个是将水源过滤后精准传送至农作物的根部,另一个则是和肥料一起传送至农作物的根部。这两个系统都是通过滴灌带对农作物进行灌溉,根据农作物所需的水分和养分,对其进行精准估算,然后将水分和养分定时定量且均匀地输送至农作物的根部,从而令其茁壮生长,不会浪费过多的水肥资源。在江苏等地,也正在逐步应用将腐熟的有机肥液通过滤管网再通过管道逐步输送到田间,实现肥力的提升与有机肥的替换。信息的发布与智能处理包括了视频监控系统、信息展示系统与应用软件平台,通过视频与图像监控很直观地显示了农作物的状态,比如作物缺水了,又或者是营养不够导致植株过小等,都可以通过视频直接展示;信息展示则是由监视器或液晶显示屏来实现,可以观看农作物情况;后台的应用软件平台,则可通过电脑端或手机端进行查看,能实时看到农作物的各项数据,管理人员可以根据数据对农作物进行操控。

3. 高质高效的设施畜禽养殖

设施下的畜禽养殖是设施农业的一种,在这一方面,智慧农业的应用客观地说,是取得了很大的实效的,我们引进并国产化的奶牛设施养殖,很多基本实现了无人化,从对环境的整体监测、对个体的生物性状监测,以及饲喂、挤奶等都实现了数字化的精准控制。一些基于动物兽脸的识别,穿戴设备的应用等也正逐步走向成熟。同样在野外,基于GPS定位,灾害天气预警,草场情况监测等的研究和应用也正在逐步完善。

4. 牵涉水源生态的设施水产养殖

基于水源环境生态的智慧监测应该说一直走得比较靠前,这为设施水产养殖打下了一个非常坚实的基础。同样作为设施农业的一部分,智慧水产养殖的应用也正逐步走向成熟。基于水质和天气环境监测,对于水产品个体的数字监测,基于育苗或生长发育规律与品质形成的数字模型等是当前众多科学家研究的重点。当然水产养殖涉及的对水源生态的影响监测也是科研和管理部门重点关注的。

5. 生产关键环节的创新探索

农业生产中很多关键环节的技术突破是这个产业成败的关键,很多智慧农业科研工作者抓住了这些点正在开展着相关的研究。比如说采摘问题，费时费工，在人力成本不断增加的背景下，如果省工无损伤高效完成，需要应用到智慧农业中表型识别、自动化控制等一系列的科技。农产品品质的提升与产品标准化，又促使分拣系统，产品品质测定系统等的性能提升，比如对流动的茭白进行智能分级，在树上或分拣包装里无损快速测定果品的糖度等营养成分，收获前对产量进行预估，对收获期进行提前评断，对人手不可触及的蜂箱环境进行传感器监测与发现，都是非常值得深入研究并反馈到生产应用的领域。

6. 农业环境监测与资源保护

卫星遥感、低空遥感、传感器等在农业环境监测与资源保护上的研究与应用进展较大，对耕地或高标准农田的精确测量已经达到了很高的级别，生态植被、林草资源的监测与保护，充分发挥了智慧农业的作用。在这些大的管理中，无关于利益，无关于精细的成本计算，在覆盖与精度上也就越来越成熟了。这里面不做过多的介绍与分析，毕竟这是以科普为主题的著作。

7. 农产品智慧物流

智慧物流通过信息化的手段整合供应链，对物流端实现精准监控，基于数据提供流转决策，从而提升流转效率。比如菜鸟橙运就是一个典型的例子，菜鸟橙运依托 App，实现县域至农村市场运力整合和资源共享，为市、县、村的商家提供一站式发货、代收货款、商家货物管理、货运保险等整体化供应链解决方案，同时也为物流公司和物流司机提供更加规范和标准化的线上接单、管理订单的平台，让农村物流更加智能化。

四、当前智慧农业发展中的一些瓶颈

智慧农业在高歌猛进中，其实大家也在思考这里面存在的问题，比如一些瓶颈性问题，观点意识问题等。

1. 数据采集的易获得性与精准性

基于传感器等的数据获取是智慧农业核心技术的关键之一。但对于农业生产而言，是集气象、土壤环境、动植物生理生化、遗传性状等诸多复杂因素的管控、经验分析以及未知领域探索。目前来看，在农业生产领域，通过传感器等智慧农业方式获得的数据类型非常有限，而且目前可精准获得的数据，很多是常规方式可以获取的，比如温度、湿度、光照等，在一些其他领域，很多尚在探索之中，特别是在精准性上还有很大的空间需要提升和完善。

2. 分析决策与控制模型进展缓慢

仔细观察国内很多的智慧农业形态，大多仍停留在数据采集与简单分析的阶段，有关分析决策和控制模型的，鲜有特别成功的例子。在这方面，虽然美国等发达国家走在前列，但我们应该意识到，美国农业是大农业中的大农业，在广域地块的土壤肥力、气候特点、农产品品种等诸多因素方面，与我们国家均没有可比性，单一性、规模性均十分明显。我们总想着在复杂地块上进行精准的控制，这种逻辑思维是不是合理，我觉得值得深思。

3. 传感器的性能与成本

在智慧农业特别是物联网方面，我国的传感器研究相对于发达国家是滞后的，在全球的大市场中，目前也不具有竞争力。在不具备竞争力的情况下，一些传感器却仍然有市场，这在一定程度上制约了传感器科研与产业的发展。经常看到国内很多智慧农业园区在开建时都购置了大量新的传感器，但在农业复杂条件下，传感器的寿命、精度等考虑较少，久而久之，不少就成了坊间玩笑的"样子货"。

4. 不切实际的原因归咎要纠正

应该说，很多人没有找到智慧农业发展缓慢真正的原因，分析的问题从逻辑上来说是不太正确甚至是错误的，借用常见的一些观点来进行驳斥。

有的说是农民信息素养不高的问题。现代农业的发展，普通生产者不是决策的主流，好用、有用、又省钱，哪个生产者会拒绝，这和他们信息意识差没有任何关系。直播卖货、电商挣钱，一个个文化程度不高的老年农民怎么一下子就学会了？

有的说是我国农业规模化程度低的问题。我国的农业产业生态决定了其规模化能达到和实现的程度，在机制方面若能解决的事，勤劳聪明的中国人早就能想到，然而之所以出现当前的现状与业态，定有其深层次不可逾越的原因，比如土地的属性等。

有的说是整体信息化与机械化程度不高的问题。我不认为我们的信息化程度低，机械化程度低，目前能用得上机械的地区，实用、省钱的机械应用遍地都是，但在一些小农业的丘陵地区硬推机械化，是不现实的。在我国，南方丘陵小农业是一个永不变的存在，应该正视这样的现实。

有的说是商业机制缺少创新的问题。我想没有一个国家比我们国家更会在社群和产业应用层面去创新一些商业性的机制，如果其确实能实现的话。归根结底，我觉得还是技术层面的问题。原来不应有产业市场的技术与产品却在产业生态中找到了源源不断的市场，科研创新与攻关者哪来那么多动力去专心研究和技术攻关推进？

五、智慧农业产业发展展望

智慧农业是现代农业发展的重要方向之一，这一点肯定没错，对于智慧农业产业的发展，当前及未来主要有以下这些方向。

1. 解决生产成本的问题

成本问题是现代农业发展的困扰，土地成本、劳动力成本成为生产成本上涨的主要推动因素，而受国际市场影响，国内外农产品价格倒挂，农产品价格受到"地板"和"天花板"的双重挤压，市场价格上升空间有限，种植效益收窄。找不到技能熟练的劳动力，人工成本过高，尤其是困扰一些农业企业发展的头等大事。智慧农业是解决这些问题的重要抓手。用机器代替人力、用信息管理代替人脑管理，用精准高效率提高产出，是智慧农业的重要研究与应用方向。在这一方面，种植上的无人机施肥施药，智能灌溉，温室环境下的环境控制、畜禽饲舍的智能管理等发挥了重要的作用，让技术更成熟，使用成本更低廉，让一些未突破的领域得到开发应用，道路还很远。

2. 解决生态持续的问题

生态问题近年来越来越受到重视，化肥农药滥用、地下水资源超采和过度消耗土壤肥力，导致生态环境恶化，食品安全问题凸显。智慧农业应在这其中重点寻求解决之道。根据作物生产需水需肥的特性，从节约资源、控制投入品的角度，实现精准的控制，这是当前众多研究着力的方向。但地块的分散，土地所有者的多量多元，使得生态得不到足够的重视，这也是重要症结之一。即使是大规模土地的经营者，在成本和生态面前，他们更多的还是选择前者。所以从这个角度上来看，我们应该从大规模分布式的环境监测角度出发，首先要杜绝污染，其次要奖励生态绿色的生产方式，在监测工作上，智慧农业应该发挥更大的作用。

3. 解决科技创新的问题

很多农业科技的创新需要智慧农业来加持。比如说美国种业的发达，信息技术在其中发挥了巨大的作用，这就是智慧农业的重要应用。在农业科技领域，有很多方面需要去探索，比如对产量的提前预测、风险的预警、品质的分析。很多的研究瞄准产品的分拣、智能的采摘、成熟度的分析，都是非常有意义的，以前我们更多地放在规模化、机械化方面，在品质的精准把控，智能分级等方面是今后研究的重点。

4. 解决科学高效的问题

对于我国这样一个人口大国而言，农产品最好的状态是，多得吃不掉，战略储备足，还能大量出口往外卖，把粮食等主要农产品安全牢牢地把握住。从这个层面上来说，在做好生态保护与可持续的基础上，不断提高效率，多产盛产依旧是今后很长一段时间的重要方向和道路。科学高效既有生产技术方面的革新，比如智能化高效育苗，田间水肥药管理，省工收获，哪个环节有需要，我们就把研究和应用顶在某个环节，而不是面面俱到，结果哪个环节都不强，哪个环节都不能解决。对整体的把控，除了从智慧农业技术的角度解决，我们还可以从新逻辑的角度去解决。还要有管理方面的高效，比如前面说的，地方农业管理部门如何提高对本地域农业产业的管控力，杜绝不必要消耗、对外市场的精准投放，精深加工机会的及时把握和品牌建设,而不是把数字农业作为口号。

5. 解决智能决策的问题

从智慧农业在生产上的科技应用来看,前端的数据获取以及中间的数据分析,应该说都取得了较大的进展或者突破,但对于终端的智能决策,有很多的智慧农业研究和应用还浮于表现,这也是不少智慧农业领域常常被人们诟病的缘由。但最后这一步也是最难的,需要农业的专家和信息的专家,甚至其他诸如经济等的专家共同参与。复合型人才的缺失,不同领域之间的沟通以及心理壁垒等多种因素,造成了很多的工作止步不前。与需求的领域加强结合,是从机制上解决的重要出路,比如现在很多的保险公司非常注重智慧农业的研究和应用,在产量与品质预测、灾害评估、灾后恢复、兽脸识别等诸多方面是他们理赔决策的关键。

6. 解决机制创新的问题

智慧农业解决机制创新的道路不能停息,某种程度上,其影响和作用大于智慧农业的技术本身。正如前面提到的农机的例子,腾讯通过互联网把农机制造业转变成服务业,三一重工与腾讯云共同搭建了一个工业互联网平台,在这个平台,把全球超过30万台重型机械设备通过互联网连接起来,实时采集超过1万个参数,这样做的结果是,机械设备在任何地点任何时间出现故障,平台都能立即感知,实现了服务人员2小时到现场20小时解决问题的高效售后服务,同时平台更为重要的生产作业服务,在作业过程中还获得了非常宝贵的农业数据,什么地方,什么品种,什么时候成熟,产量多少,品质如何,该地的地力如何,等等。这些都是基于智慧农业带来的机制创新所形成的惊喜。现在有很多人在琢磨农技人员资源的共享,虽然前面经历了不少失败,但也值得研究,这类资源的标准与标准化,如何共享,如何激励,如何评价,要靠数据说话。

7. 解决资源配置的问题

当前智慧农业的发展主要是以点状的研究和单独的基地示范而进行的,虽然正在布局,但尚未成型。在国家及地方"十四五"规划中,也都纷纷提出农业农村现代化,并把智慧农业放在一个比较重要的位置,包括建立大数据中心等,但从全产业链角度,从整体区域布局的决策与可持续发展角度,很多工作刚刚起步。虽然我们达不到美国那种产业的基础,因为我国的土地资源与类型,土地属性,人口密度等一系列重要因素存在客观差异,如何通过智慧农业形成中国特色的现代农业农村发展的资源配置形式,从结构和能力上筑起生产经营的钢铁长城,需要更大的智慧去研究和实现。

六、智慧农业不能完全替代传统农业

智慧农业是现代农业发展的一个方向,但绝对不是全部的方向,即使智慧农业发展到无所不能了,也不会是所有农业的应有形态,这一点必须理性看待。

1. 农业的传统魅力

人们常说,只有自己种出来的瓜才甜,这也正是验证了传统农业的魅力。在西方发达国家,现代智慧农业越发达,其传统农业同样显得更精彩。人们走出国门见识了发达国家发达的农场生产,同样也会见证社区农场的文化内涵。我们很多地方还在申请农业的世界文化遗产,这些遗产是传统农业耕作文化的体现,而不是现代高度信息化智能化的农业生产。

在商品社会,在其他领域,即使机械作业如此发达,纯手工的产品却受到追捧,体现高价值。而在农业领域,何尝不是呢,传统农业方法种植的农产品,虽没有多少高科技的内涵,但有其文化内涵,耕作者的情怀内涵在里面,所以也就常常显得更为珍贵了。一些城乡融合发展较好的大城市周边,需要市民或青少年体验传统的农耕教育与乐趣,这就是传统农业的魅力了。

目前来看,很多地方上的智慧农业花了不少钱,但如果用心地去经营和宣传一下农耕文化和传统地域农业特色美食,应该更能让一个地方的特色农产品与产业出名。

2. 农业的多元属性

如果你走过我国的大江南北,了解我国农业的整体情况,你一定和我心里一样，有一个大农业和小农业的概念。大农业是什么，是满足大家吃穿供应的大责任农业，规模化、集约化、机械化、高科技、数字化、智能化必须成为重要方向。降低成本，提高市场与国际竞争力，弥补劳动力短缺，让安全问题得到有效保障，把现代农业同样建设成大国利器！

小农业是什么，是在创新创意下的探索尝试，尝试功能性食物品种的种植，能成功吗？不一定，那没关系，成功都是踏在失败的肩膀上前进，因为小农业的小，所以这样的失败我们损失也轻。让饮食赋予更多的文化内涵与乐趣，认养、众筹、社区支持农业、社交宣传、老品种老味道、阳台农业、参与式耕种等，这些需要智慧智能的东西吗？当然不一定需要！这些都是创意，是需要人参与其中沉浸、体验的，我们需要的更多的是传统农业的内涵。

所以说小农业不重要吗？在强调文化自信的时代，小农业同样显得格外重要，放眼日韩欧美等发达国家，小农业同样发展得很好，有些我们称为精致农业，把农业和人的生活、人的身心、人的社交融合在一起。农业不仅是食物供给，还是生活方式和精神家园，至少小农业是如此，而且很有前景和市场。

3. 农业的地域属性

我们国家幅员辽阔，有平原、丘陵、高山、绿洲、戈壁、沙漠、湿地、滩涂等，所有这些地域都有农产品生产分布，但对于高科技、规模化、集约化的智慧农业来说，并不是所有环境和地形都能适合。因此，我们在农业上经常说的一个词是"因地制宜"，这个"因地制宜"不仅是指品种，更多的还有耕作方式。比如在以传统农业为主的丘陵山区，牛耕的效果可能就比机器要高。诚然，我们可以投入巨资，专门去研究这种复杂地形的机械化和智能化，但我们的收益几何？

同样正如前面所说的，一些地方的生态环境与地形地貌也只适合发展小农业，那就在小农业的角度去做好文章罢了，大农业保供给，小农业求特色，这样小农业获得的市场一定比花大精力应用一些华而不实的智慧农业要强。

4. 农业的自然属性

农产品生产是一门自然科学，自然科学的探索与实践中，常常要遵循的是自然法则。比如为了集约化生产，我们常常在一个大区域内推广单一的品种，这就导致一个较大的风险，如果有一年气候反常而且正好对这一类品种不利的话，那可产性与丰产性以及品质将受到极大的影响，这种风险很多时候虽然概率很小，但在全球及区域的气候变化越来越深不可测的当下，谁知道什么时候发生呢？这里就涉及农业自然属性中的"生物多样性"问题。"不把鸡蛋放在一个篮子里""东边不亮西边亮""留有后手"说的就是这个道理。这是农业的自然属性决定着我们必须要考虑的风险因素与应对措施，这是经验与传统。在农业现代化的进程中，自然科学同样也需要大踏步地前进，智慧农业固然是好，但也不需要在什么环节都强行加入。

5. 农业的生态回归

国外有很多绿色和平组织，国内也出现了一些农业的"佛系"人群，诚然，这些人群是相对比较特殊的，但从农业绿色发展的内涵来说，我们在保障农产品总体供应的基础上，是更多的希望农业的生态回归。"金山银山不如绿水青山"，这样的道理我们都应该懂。

生态回归的一个重要做法就是有保护地适度发展、特色发展。毕竟我们的生态环境变得越来越脆弱，要让一些传统农业的方法在这个时候大放光彩。比如智慧农业中常用的水肥一体化，常用的是水溶肥，水溶肥是以化肥为介质的，但生态农业的原则是有机肥替代。因此更多地要去研究传统堆肥的一些做法，这又是另一种科学领域，也许智慧农业的一些方法在其中能起到一些作用，当然也可能起不到任何作用，不必强求。

生物防治又是另一种生态科学的方法，在发达国家，其规模化、智能化比我们做得好，但传统农业的生态研究同样也比我们有优越性，我们在两个方面都得追赶。

6. 农业的小农属性

截至目前，我国仍然是世界上人口最多的国家，其中农业人口占比很大，小农经济也将长期存在。虽然现在实行了土地流转、入股等一系列新的社会化改革与社会化服务的做法,但没有改变农民与土地的承包属性。随着互联网技术与社会从业生态的深度变革,出现了一些进城就业的新型业态,但这些模式能否持续,还得继续观察考验。比如建筑务工人员,城市陪护人员,快递配送人员等。

同时,我们更需要考虑如何让过多的城市打工人群回归农村的问题。这似乎是一个矛盾的选择,智慧农业让农民离开土地,让种地变得轻松,而人员返乡则希望在农业全产业链体系及不断延伸的角度上让他们都能找到在农村和农业的岗位。也许有人会说,欧洲怎么样,美国怎么样,这显然没有可比性,其中最没有可比性的就是人口密度,当然还有社会福利等一系列因素。因此,在这个问题上,研究机制、方法、政策要比智慧农业的那些技术重要。

7.农业的经济属性

谈到农业的经济属性,我想抛出的一句话就是:"普通农产品不能是一种挣大钱的产业"。经常听一些人讲,农业不挣钱,农业风险大,不要搞农业。我常劝人家的一句话就是:没有情怀,你就不要搞农业。

普通农产品为什么不能挣大钱?同高档的智能手机、电视、名牌包包、化妆品、昂贵服装、首饰不一样,普通农产品比如粮食和常见蔬菜、水果、肉蛋奶,是生活必需品,营养必需品。我们细想,如果实现了高利润,会是怎样一种情景?竞争、泡沫、垮塌、破产,影响的可不仅仅是相互攀比和失利失落,而是一个个鲜活的生命。

农业农村部原部长韩长赋同志曾经讲过一句很直白的话:粮食多了问题少,粮食少了问题多,粮食多了,可能一个直接的问题会增加财政负担,但是如果粮食少了,发生供给问题,那就有可能成为严重的社会问题。

为什么要在这里讲这个问题?我想说的是,农业是个低利润的行业,低利润就得精打细算!智慧农业需要高投入,要看这种高投入一是能不能起到效果,二是即使起到效果,能不能有效降低生产与经营成本。若没有效果就不用谈,如果有效果但增加了较多的成本,则同样不应是我们选择的方向。

从目前来看,至少在种植业领域,绝大多数的智慧农业应用是没有起到降低成本效果的，包括很多设施农业中的智慧应用，反而极大地增加了成本，而这个成本不管是政府买单还是企业自己买单，放在那里都是成本。

有些人觉得高科技的现代社会，就不应该由人来种地，这种观点是极其错误的，一是对农业没有感情和常识，二是不会算经济账。智慧农业应该干那些人类干不了的事，比如用深入沼气池的探头检查问题，深入蜂箱里的探头去了解现状；干比人类干起来效率高、成本低的事，比如智能地发现哪头奶牛要生病、要发情，从而能够及时得到处置。这些是我们必须要理性思考的问题，但显然，当前的社会风潮有很多人不是这样考虑问题的。

8. 农业的人治经验

电脑能不能代替人脑，这是一个大家经常争论的话题。正如前面所说的农业的自然属性，农业生产是一门复杂的自然科学，基因表达、生产适应、病虫发生、产量形成、品质特征，这些科学在形成与正在探索的道路上，产生了一系列宝贵的经验和梯队从业人群。为什么很多人深爱这个行业，是因为这里有着极大的奥妙和乐趣，同时更多的也是一种探索精神，如果这里面需要智慧农业的一些方法作为帮助工具，那就顺其自然地应用，比如说传感器可以帮助我们全天候不分酷暑严寒、风冻雷雹地精确测量一些指标数据，是很多从事一线农业科研工作者的幸福。

如果想当然地一定要用智慧农业的方法去代替人脑，那就显得有点极端。举个好懂的例子，有人觉得"识花软件"拍一张照就能识别出该植物名称，为何我们不能解决植物病虫害的图像识别问题？学过植物学的同学一定知道，对于植物的分类，不管是花、叶还是茎和果，我们已经形成了一套严密的教科书式的分类方法，至少目前世界上绝大部分植物是这样的，这就像下围棋似的，棋盘很大，格子很多，每下一步针对走法也有很多很多，但棋盘的格子是固定的，落子的规则是固定的，虽然有数量大得可怕的落子应对可能，但这个数字可以是一个定数。

但植物的病虫害防治上则没有这么幸运，拿番茄来说，就非常复杂，因为很多的病虫害研究还在探索中，人脑还没有搞明白，如何去教电脑呢？至少我们得把一些逻辑规则搞明白。

此外，传统科学与经验不仅是自然科学的不断发展，同样也是一种人文与哲学，传统的基层农业专家手摸、眼看、口咬一定要摒弃吗？生活的乐趣不仅在于科技，更多还在于学习、升华、交流与体验，甚至极端地说，科技似乎让人变得不快乐了。有一个词叫银发经济，就是让一些退休的老专家继续发挥余热，既有经验延续的意思，也更有人文的一些考量。作为自然科学，农业的人治经验真的很重要也很有意义。

9. 农业的永久国别差异

国与国之间农业发展的差异性是不可逾越的鸿沟，这种差异不仅反映在生态环境方面，同样体现在体制机制方面。这里所说的永久差异并不是指经济发展水平的差异。我们待的这块地方，我们的社会制度，我们的历史人文，这种差异决定着现代农业的不同发展方式。

平心而论，我们能不能发展到和美国一样规模的订单农业，答案显然是不能。也许我们可以在质量上超过美国，但在规模上绝对不会，这和不同国家的耕地规模、气候地带、产业带布局、农业劳动力和国家人口等诸多因素息息相关，这些因素是无法改变的，这注定我们要走特色的现代农业道路。

为什么我们发展不了美国那种强大的订单农业？美国农产品少部分自己吃，大部分出口供应全球，我们则以自给为主。从需求的多样性就决定了生产的多样性。如果我们有美国那种得天独厚的肥沃土壤，适宜人口，货币称霸贸易条件，勤劳智慧又富有创造的中国人民一定能形成更为强大的产业协作体系。

我们实现不了美国这种规模的订单农业，不能降到美国那样的农业生产成本，也注定着农业生产的投入必须以我们的办法去精打细算。正如前面所说，投入的经济成本是必须首要考虑的问题。

同样这种差异性还表现在，比如我们觉得美国的播种机好，拿过来用，结果发现播种机太宽，我们的土地没有那么平坦，需要去改良，需要增加成本。但别忘了，人家或许正是因为土地平才发明了这种播种机，如果地不平，他们自己也会觉得没有意义。

同样，在区域地块上我们的土壤肥力的差异性比美国要大得多，因为这些土地是流转然后集中的,而且上面种植的作物又是千差万别,我们套用那种精量施肥的办法又需要改良。但别忘了,人家正是因为土壤肥力差异小才发明了这种精量施肥,我们的土壤肥力差异这么大,使用起来还有意义吗,至少施肥的速度要大打折扣吧!

能不能划得来,必须要算这个经济账。从荷兰引进的智能温室,目前在我国已经遍地开花,参观其内景,硕果累累,不管是讲的人还是看的人,一个个特别兴奋,甚至有人对我们的传统露地种植和阳光棚种植开始抱怨。但有多少人可以公布一下具体的经济账,这个账当然必须包括政府投入的那部分以及每天的运维消耗。荷兰是温湿平和的地中海气候,冬天不太冷,夏天不太热,我们全国各地从南到北、从东到西是一种多么复杂的气候和环境。适应不同气候的建设与运维成本是否是我们能够承受的,这些问题应该深思,因地制宜很重要。

七、提防那些极力夸大智慧农业的人群

关注智慧农业的主要有从事这方面研究的科研工作者、希望引领区域农业发展的地方农业农村管理部门、在互联网界大有名气而想涉足农业的大咖企业,以及从事智慧农业应用服务的众多企业等。他们中大部分有一颗推进农业高质量发展的心,但不乏其中也有一些钻空子牟取私利的人群,我们就来分析一下这后面一部分的人群。

1. 一些科研评价体系下的科研工作者

智慧农业是高地,高地就会有更多的政策、资金和资源重视及支持,同样也会有更好的市场。有基于此,不少农业科研工作者感受到了这个机遇,有项目、有资金、受重视,同样还容易发表高影响因子的文章。部分农业科研工作者借着这股东风,一拥而上,且不管能否有效,是否合理,都进来分一杯羹,这就是乱象。

2. 追逐利益的智慧农业服务商们

作为高地,受到了重视,有人研究,有人要用,用了有人要看,自然就需要有人提供服务,这便是商机,一些智慧农业服务商应运而生。传感

器的服务、网络的服务、显示大屏的服务，不管是懂农业的还是不懂农业的，个个成了专家，重复着那些高级智慧的概念。

3. 用政府钱打造的智慧农业应用园区

现代农业要的是现代、高端、智能、摩登，人们似乎忘记了最核心的应该是高效。我们看到一个个用政府钱打造的智慧农业园区拔地而起，不仅每个县都要有，甚至有些地方一个镇有一个，而对于大田生产，这部分人有没有多关心一下今年的麦子、水稻怎么样，有什么风险，是多少汗水凝结出来的丰产保障。

4. 追随现代农业潮头的农业管理决策者们

农业管理部门的需要是根本，因为目前大多数的智慧农业建设，买单的是政府，如果是自己掏钱，企业就会好好地算一算这笔账，即使是高科技，成本能不能划得来，效果是不是一定比原先的好。但一些管理决策者往往只追随现代农业时代发展的潮流，别人有的，我们也得有。

5. 不懂农业的部分媒体

媒体的推波助澜无疑给智慧农业又添了一把火。一些不懂农业的媒体总是先设置一个前提，现在种地的人少了，种地太辛苦了，然后话锋一转，有了智慧农业，农民成了最幸福的职业，在家拿个手机动动手指就可以了，什么都自动实现了。我不知道这些媒体这种不讲科学的报道带来的效应是什么，但肯定的是，一方面是他们本身的无知，另一方面也是为了去迎合他们误认为的这个时代发展的潮流。

6. 似是而非的 PPT 演讲者们

这是一类比较有意思的人群，他们要么来自科研单位群体，要么来自智慧农业服务提供者群体，而其他群体的则较少。在这样的 PPT 演讲中，我们耳中频繁听到的是文件中的大势所趋，云计算、大数据、物联网、区块链、5G 等一系列现代信息技术名词的频繁出现，一张张充满概念和玄机逻辑的拓扑图层灌输着千篇一律的底层技术和数据来源，中层算法和功能，上层应用及领域，顶层用户和服务的概念。听下来挺有道理，但回到生产经营现实，用处不大。